MINERVA 21世紀福祉ライブラリー 26

「かかわり続ける」ケアマネージャーの会
空閑浩人 編

自分たちで行う ケアマネージャーのための事例研究の方法

主体的な研究会の運営から実践の言語化まで

ミネルヴァ書房

はしがき

「自分なりに一生懸命やっていたつもりなのに、利用者から他のケアマネージャーに担当を代わってほしいと言われて、心が折れそうです」。

「ご家族さんにきつく言われてしまって、この先、自分がケアマネージャーの仕事を続けていけるかどうか自信が持てません」。

「どうしても利用者さんとのコミュニケーションが上手くいかず、悩んでばかりです」。


たとえば、このような状態にあるケアマネージャーは、何らかの研修やスーパービジョンの対象になるのだと思います。しかし、自分がもしそのような状況にある時、何を求めるでしょうか。もちろん研修やスーパービジョンを否定するつもりは全くありません。ただ、それらとは別に、ケアマネージャーが支えられる場や機会があったら、と思っていました。

次は、このようなことについて、主任ケアマネージャーの方々と話をした時のやりとりです。


「担当交代要求って、この仕事を続けていれば、多かれ少なかれ誰でも経験するよね」。

「きつい言い方をする利用者さんやご家族さんに困った経験って、誰にでもあるよね」。

「利用者さんやご家族さんとのコミュニケーションの悩みは、この仕事に付きものだね」。

「そんな時、皆はどうやって乗り越えてきたんだろうね」。

「研修は確かに大切だけど、乗り越えられたのはそれだけじゃないと思う」。

「なんか、自分のことが否定されずに聞いてもらう場があったらいいよね」。

「そうそう、ケースの悩みとか、気楽に自由に話せる場があったらやっていけるかも」。

「仕事の話が、対等に、堅くなく、楽しくできる場だったら、元気がもらえるかも」。

「この地域でそんな場がつくれたらいいね」。

「そうだ、みんなで研究会をやろう！」。


こんなやりとりの中から研究会が企画され、続けられてきました。そして、ケアマネージャーの仕事とは何か、その実践の中で私たちに求められる力とは何かについて、まがりなりにも自分たちの言葉で表現するに至りました。

本書は、京都市北区で活動するケアマネージャーたちの、このような小さな研究会の取り組みを紹介したものです。その研究会で大切にしてきたことは、参加者にとって何より「楽しい場」にしたいということです。この本を手にとって下さった皆さんにも、ぜひ楽しんで読んで頂けたら、とても嬉しく思います。

そして、もしケアマネージャーとしての自信が持てない方や、心が折れそうな状態にある方がこの本を読んで、「もう少しこの仕事を続けてみようかな」「少人数でもいいから研究会やってみようかな」と思ってもらえたら、これ以上の喜びはありません。

なお、本書で取り上げた事例は、実際のものを、すべて大幅に改変したものであることを、お断りしておきます。

二〇一八年四月

空閑浩人

自分たちで行う

ケアマネージャーのための事例研究の方法

——主体的な研究会の運営から実践の言語化まで

目次

はしがき

序　章　自分たちで研究会を立ち上げ運営する意義……空閑浩人　1
1　「振り返り・気づき・発見の専門職」として……1
2　自らの実践や経験を言葉にすること……5
3　対人援助職における実践研究会の意義……7
（1）「個人的」な経験を「共同的・社会的」に共有する　7
（2）「援助の実践に関する研究」と「援助者に関する研究」　10
（3）「実践知」を豊かにする　12

第Ⅰ部　研究会立ち上げの経緯と運営
――地域包括支援センター主任ケアマネージャーである私たちの取り組み

第1章　なぜ、どのようにして立ち上げたのか……古川美佳・空閑浩人　18
1　「共に意見交換する場づくり」からのスタート……18
2　最初の三年間の取り組み――二〇〇六～二〇〇八年度……24

（1）ケアマネージャーの現場にある課題を把握する　24
（2）ケアマネージャーの現場にある課題解決にかかわる　26
（3）ケアマネージャーを続ける・辞めるについて考える　28
3　主任ケアマネージャーだけで集まる意見交換会の開催へ……33
（1）居宅介護支援事業所主任ケアマネージャーの思いや声を受け止める　33
（2）第一回「居宅介護支援事業所主任ケアマネージャー意見交換会」の開催　36
（3）定期的・継続的に開催する会へ　37
4　会の立ち上げから五年間を振り返って……43
5　現在に至る「経験年数五年以上のケアマネージャーの研究会」開催へ……47
6　私たちはこの研究会で何がやりたかったのか……51

第2章　どのようにして運営してきたのか……吉田栄子・空閑浩人　55
1　色々な手段による参加の呼びかけとまた参加したくなる工夫……55
（1）「何が足りないのか」を参加者に真摯に聞く　55
（2）職場を直接訪問して参加を呼びかける　58
（3）業務時間内の開催など参加しやすい環境を整備する　60
2　「交流会・研修会」から「テーマを決めた研究会」へ……62

（1）自らの体験を「研究」する　62
（2）集まる目的の再確認　65
3　「楽しくて、面白くて、おみやげがもらえる」研究会にする……69
（1）事前に「作戦会議」を行う　69
（2）参加者に「今日の研究会のおみやげ」があること　72
4　お互いに「フラット」な関係での研究会……75
第3章　なぜ継続して参加するのか――参加者の声から……吉田栄子・空閑浩人　78
1　参加の動機・きっかけ・背景……79
（1）「学習」「情報交換」「振り返り」「相談」のために　80
（2）研究会のテーマに惹かれて　82
（3）研究会という場の魅力に惹かれて　85
2　続けて参加したくなる理由……87
（1）「参加者同士の共通基盤」や「仲間意識」を感じられる　88
（2）運営の仕方や研究会の雰囲気の良さ　91
（3）「学びや振り返り」そして「自分が支えられる」機会となる　95
3　どのような「おみやげ」を得ているのか……97

第Ⅱ部　実践の言語化への取り組み

第4章　「かかわり続ける力」を育みたいという「思い」……吉田栄子・空閑浩人　102
――「思い」を「力」にするための実践の言語化
1　研究テーマはこうして設定された――いわゆる「ケアマネ交代」の経験から……102
（1）「他のケアマネージャーに代わってほしい……」から始まった研究　102
（2）担当交代するしかないのか　104
（3）「かかわり続ける力」を育むこと　105
2　研究会の経過――何についてどのように取り組んできたのか……106
（1）「ケアマネ交代」の経験を振り返る――それは多くのケアマネージャーが経験していた出来事だった　106
（2）交代を要求されて結果的に交代した事例（A－1事例）の分析と議論　113
（3）「傾聴・かかわり・関係機関との連携」を継続できた事例（A－2事例）　119
（4）交代を要求されたが結果的に交代しなかった事例（A－2事例）の分析と議論　122
（5）交代を希望して結果的に交代した事例（B－1事例）　126
（6）交代を希望したが結果的に交代しなかった事例（B－2事例）の分析と議論　132
（7）ケアマネージャーの側から担当交代を希望した事例（B－1・2事例）の分析と気づき　136

3 かかわり続けるための「四つの力」の誕生……141
（1）「ケアマネ交代」経験の振り返りから得たケアマネージャーを支える「一七の力」 141
（2）この実践研究から得たもの——「四つの力」の誕生 148

第5章 ケアマネージャーを支える「四つの力」……酒枝素子・園家佳都子・竹内卓巳
古川美佳・吉田栄子・空閑浩人151
——「考える力」「あたる力」「まとまる力」「まもる力」
1 性別で拒否されたら交代しかないの??……153
——担当の引き継ぎ後、性別を理由として担当交代を要求された事例
2 家族のもめごとの結果、ケアマネージャーが悪者に??……157
——意見が異なる家族の間で板挟み状態になって担当交代を要求された事例
3 本人の意向を第一に考えていたのに本人から交代を希望された……162
——本人と息子の意向の食い違いから担当交代を要求された事例
4 娘の思いも大切にしてきたのに、その娘から交代を希望された……167
——キーパーソンである娘が「無理難題」を要求してくる事例
5 一年目ケアマネージャーの私。家族の言動で自信喪失……172
——新人ケアマネの私を家族が信頼してくれない事例
6 「四つの力」のその先へ……177

第6章 「四つの力」の獲得がもたらす社会福祉専門職の成長……空閑浩人 179
1 新人ケアマネージャーの悩みやとまどいの経験……179
（1）「私たちも心が折れそうになる時があります」 179
（2）悩みやとまどいを「糧」にすること 182
2 社会福祉専門職の仕事と「四つの力」……185
（1）「四つの力」とは何だったのか 185
（2）「考える力」 186
（3）「あたる力」 186
（4）「まとまる力」 187
（5）「まもる力」 188
（6）「四つの力」を育てること 188
3 社会福祉専門職として成長するということ……189
（1）専門職の成長とは 189
（2）「自分らしい」専門職になる 192
（3）専門職としての「強さ」とは 193
4 「創造的な」生活支援の実践のために……195

終　章　「かかわり続ける」ことと「学び続ける」こと——心が折れそうなあなたへ贈る言葉 …… 酒枝素子・園家佳都子・竹内卓巳・古川美佳・吉田栄子・空閑浩人　199
1　利用者や家族・地域とのかかわり …… 201
2　チームワーク・仲間づくり・関係機関との連携 …… 203
3　事前の情報収集や整理・記録などのデスクワークの大切さ …… 206
4　一人の専門職・一人の人間として …… 207
5　心が折れそうな時に …… 210

あとがき
巻末資料
索　引

序章　自分たちで研究会を立ち上げ運営する意義

1　「振り返り・気づき・発見の専門職」として

相談職にしても、介護職にしても、ケアマネージャーにしても、対人援助専門職としてのアイデンティティの獲得、また実践力や専門性の向上、仕事の可能性の拡大のために、さまざまな知識や理論・技術を学ぶ研修はもちろん大切です。しかし、それと同時に、あるいはそれ以上に（といっても過言ではないと思います）、自らの実践を「言語化」する作業が必要だと考えます。

なぜなら、私たちにとって、対人援助の実践とは、援助者である「自分」の存在を介して、さまざまな知識や技術が駆使される活動であり、それらの知識や技術は、援助者である「自分」の存在を通して、利用者や利用者の環境に提供され、影響を及ぼしていくからです。言うまでもなく、知識や技術それ自体が、そのままで利用者にかかわるのではありません。利用者にかかわるのは、あくまでも援助者である自分自身なのです。その意味で、援助者である「自分」を離れての、すなわち自分の人柄や性格、対人関係の傾向、また利用者とのかかわりの経験と切り離しての、知識や技術それ自体の単なる習得では意味がありません。

対人援助の実践は、自分が身に付けた知識や技術をもって、利用者にかかわり、その生活を支援するという経験をすることです。そして、その時に、それらの知識や技術が援助者である自分にとってどのような意味をもち、どのように実践を支えるものとなるのか、それらを援助者である自分がどのように活用、あるいは駆使することがよりよい実践となるのか、また、そのために必要となる新たな知識や技術とは何かを見出す作業が必要です。

筆者は、ケアマネージャーの仕事を含めて、人々の生活を支援する対人援助の仕事は、「振り返りの専門職」「気づき・発見の専門職」であると考えています。言うまでもなく、生活スタイルや生き方、価値観は人それぞれです。そして人の生活とは、さまざまな他者や場所との出会いや関係、かかわり合いの中で、時間の流れとともに常に動き、変化を伴うものです。そのような、一人ひとり異なり、かつ時間や関係とともに変動する生活状況にかかわる実践において、たとえば取扱説明書やマニュアルのようなものは意味をもちません。その利用者と自分との日々のかかわりを振り返り、利用者の状態やその生活状況に関するたくさんの気づきや発見を得て、その気づきと発見を次のかかわりや支援のヒント、アイデアにつなげていくことが、よりよい生活支援を模索し、実行していくことになるのです。

さらに私たちは、自分の生活や人生でさえも、自分の思い通りにはできません。日々、試行錯誤の積み重ねの中で生きて、生活を営んでいると言えるでしょう。ましてや自分以外の誰かの人生や生活にかかわる仕事、かつそれを支援しようとする仕事がそんなに簡単であるはずがないと思います。

だからこそ、私たちはその利用者との、その時々のかかわりを振り返り、また支援が行き詰まった時には、これまでのかかわりや支援の過程を逆に辿ったりしながら、よりよい支援のあり方を見出していかなくてはなりません。その過程は、図序-1にある通り、言わば「積極的・創造的な試行錯誤」の過程と言えると思います。

私たちに求められるのは、たとえ支援困難なケースであっても、利用者に「かかわり続けること」を継続し、利用者とともに、積極的・創造的に試行錯誤する過程（プロセス）としての生活支援の営みです。その「かかわり続ける」実践のために、多様な視点によって見出

図序－1　「積極的・創造的な試行錯誤」の過程としての対人援助・生活支援の実践

［「振り返り，気づき・発見の専門職」としての実践のかたち］

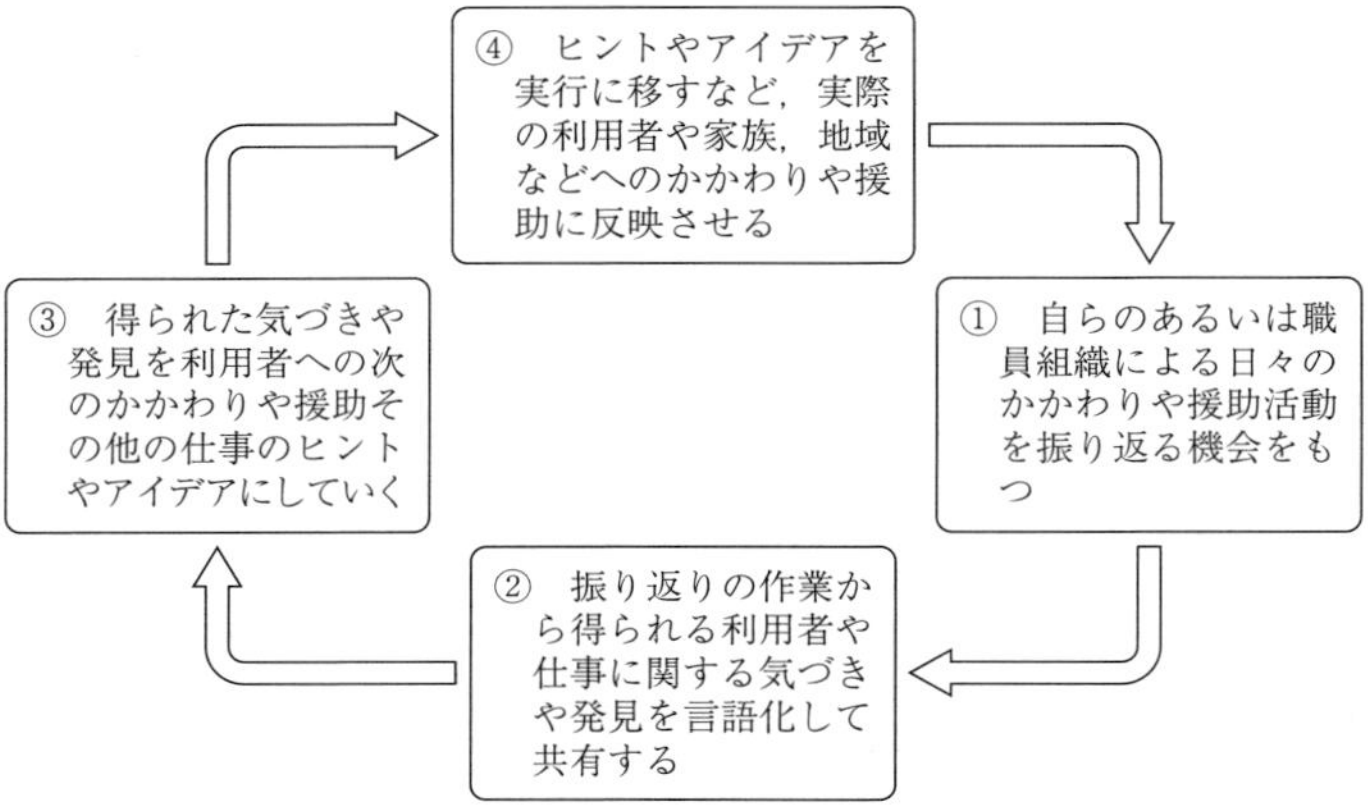

出所：空閑（2014：210）。

される多くの「気づき、発見」と、これらに基づく「試行錯誤」を繰り返すことを可能にする力を、個人としても、チームとしても育むことが大切なのです。

言い換えれば、私たち対人援助職とは、あらかじめ決まった答え（正解）が無い中で、その時々での「より適切な」、あるいは「よりふさわしい」かかわりや働きかけ、支援の方法を、利用者に関する多くの気づきや発見を基に見出そうとする、「問い続ける専門職」「考え続ける専門職」であると思います。

2　自らの実践や経験を言葉にすること

その意味で、援助者としての実践力や専門性の向上は、自らの実践や支援過程の振り返りの中にこそあると思うのです。そして、自らの実践を言葉にすること、すなわち「実践の言語化」は、日々の実践を、利用者にとって、「より適切な」「より意味のある」かたちにしていく上で欠かせない作業であると思っています。

本書では、京都市で働くケアマネージャーたちによる研究会（「経験年数五年以上のケアマネージャーの会」、以下、本研究会）での取り組みを取り上げます。そこでは、それぞれのケアマネージャーがこれまで出会ってきたさまざまな事例と経験を、言葉にして出し合うことから始めました。上手くいった事例ばかりでは決してなく、むしろ上手くいかなかった事例や悩んだ事例についても共有しました。中には、「思い出すのが今もしんどいけど」と言いながら、自分にとって辛かった事例の経験を話してくれるメンバーもいました。

本研究会では、このような取り組みを通して、よりよい支援のあり方はもちろんのこと、何より私たちが利用者、家族、地域に「かかわり続けること」を支える、知識・技術・思考・知恵などの「知性（マインド）」を共に見出し、獲得し、共有し、育んでいく機会を得ることを目標にしてきました。

本研究会で行われてきたことは、私たち自身の仕事の現状や、その中で体験されたさまざまな利用者や家族との出会いとエピソードを省みながら、仕事のあり方に対する考えや今後の展望などを言葉にして出し合う「実践研究」ともいえます。

「研究」ということについて、哲学や倫理学を研究する石原孝二氏は、次のように述べています。

「『研究』とはそもそも共同的な行為である。研究が共同で行われる場合だけでなく、単独で行われる場合でも、それは共同的な行為であるといえる。研究の内容が個人を超えた意味を持ち、他者に向けて発表されてこそ、研究の意義がある。このように研究が共同的な行為であることによって、当事者研究を行う当事者は、『自分を語る』際のリスクと負担が軽減されることになる。単に『自分を語る』のではなく、『研究』として進めることによって、それは個人的な行為ではなく、社会的に有意義な共同行為であることになる。」（石原 二〇一三：一二二）

本研究会では、参加者であるケアマネージャーとしての個人的な経験を言語化し、研究会の場全体で共有していきました。それは「個人的なことは共同的・社会的なこと」という思いから、それぞれのケアマネージャーの経験を個人的なものとして終わらせず、共同して分かち合うことによって、ケアマネージャー全体に共通することとして、社会的な意味をも持つと考えたからです。そして、そのような作業から得られるもの（気づきや発見）を基に、「かかわり続ける力」を支える知性、すなわち知恵や工夫、考え方を獲得し、私たちの「共有財産」とすることを大切にしました。その財産が、「ケアマネージャーを支える四つの力」（第4章参照）です。

そして、この研究活動は、日々のケアマネジメントの実践における新たな地平を、メンバーが共に拓いていく営みでもあったと言えます。

3　対人援助職における実践研究会の意義

(1)「個人的」な経験を「共同的・社会的」に共有する

改めて、私たち対人援助職が、研究会を開催して実践研究に取り組む意義について考えたいと思います。一般的に「研究」とは、「よく調べ考えて真理をきわめること」(『広辞苑 第六版』)や「問題になる事柄についてよく調べて事実を明らかにしたり理論を打ち立てたりすること」(『新明解国語辞典 第七版』)とされています。

そして、ここで言う「実践研究」とは、「生活支援」や「ソーシャルワーク」「ケアマネジメント」「ケアワーク」等の社会福祉の実践を担う人としての私たち援助者(ソーシャルワーカー、ケアマネージャー、ケアワーカー)と、その経験に関する研究のことです。実践に携わる人々が、自分たちの実践を省みるとともに、現場に根ざした研究を共同で行うことを通して、実践現場から立ち上がる実践理論や専門職のあり方を描く取り組みです。それはすなわち、利用者や家族へのよりよい実践に寄与しようとするものです。

前述したように、援助者としてのアイデンティティと実践力や専門性の向上、仕事の可能性の拡大のためには、自らの実践と経験を振り返り、言語化する作業が必要です。その研究活動の中から、よりよい生活支援のための「知性(マインド)」を、教科書的な言葉や借り物の言葉ではなく、自分たちの経験や感覚に根ざした言葉で、創り出そうとする営みです。

前述した通り、利用者の生活状況は一人ひとり異なります。また、そこにかかわる援助者も、人としてそれぞれに異なる存在です。その両者の出会いとかかわりから援助が成り立つとするならば、そこに求められるのは、一定の知識や技術の単なる機械的な適用ではありません。先に技術ありきの援助や、既存の知識の枠の中だけで、利用者への理解や支援のかたちが描かれることになってはいけません。

そうではなく、いかにその関係性や状況に対してふさわしいかたちで知識や技術が適用されるか、それぞれの関係性や状況に応じた、独自の適用のされ方が問われるのです。そのためには、身体的なこと、感覚的なことも含めて、実践を担う人としてのリアリティからできるだけ離れずに、知識や技術のあり方も含めた援助者としての経験を言語化していく作業が大切だと考えます。

本研究会では、前述したように、参加者であるケアマネージャーの経験について、それぞれの独自性や固有性を尊重しつつ、あわせて個人のものだけに終わらせずに、参加者全体で共有することを大切にしてきました。個人の経験を言語化することで、その経験が対象化され、その経験に向き合える、他者と共有できる、すなわち研究の対象とすることができます。

それは、たとえば、あるケアマネージャーの失敗した経験についても、単に失敗や悩み、後悔の経験に終わらせずに、そこから共通性や学びを見出す作業になります。一人ひとりのかけがえのない経験からこそ学ぶことがあり、その学びを研究会全体の共有財産とする取り組みなのです。

人々の暮らしとそこにかかわる生活支援の現場は、生きるとは何か、生活とは何か、家族とは何か、親子とは何か、幸せとは何かなどの、多くの「問い」に満ちています。もちろんこれらは、簡単に答えを出せるような問いではありません。

私たちにとって大切なことは、その「問い」に向き合うという作業を続けることだと思います。そしてそのためには、お互いの経験を共有することが必要なのです。私たちが研究会を行う意義もここにあると思います。

(2)「援助の実践に関する研究」と「援助者に関する研究」

本研究会で行った「実践研究」では、援助の実践に関する研究と、その実践を担う援助者に関する研究との両方に取り組んできました。なぜならその実践を担う「人」を抜きにしては、援助は語れないと考えるからです。客観的な出来事や事実に関する検討や考察ももちろん大切ですが、本研究会では、その実践の中での援助者(ケアマネージャー)それぞれの経験や個人的な思いをも大切にする研究を重ねてきました。

繰り返しますが、ソーシャルワーカーやケアマネージャーなどの人々の生活支援を担う専門職は、「振り返りの専門職」「気づき・発見の専門職」であると考えています。「技術的合理性」に基づく「技術的熟達者（technical expert）」ではなく、「行為の中の省察」に基づく「反省的実践家（reflective practitioner）」としてのソーシャルワーカー像を示したドナルド・ショーン（Schön, D. A.）は、次のように述べています。

「行為の中で省察するとき、そのひとは実践の文脈における研究者となる。すでに確立している理論や技術のカテゴリーに頼るのではなく、行為の中の省察を通して、独自の事例についての新しい理論を構築するのである。」（ショーン 二〇〇七：七〇）

「行為の中の省察」、すなわち一人の利用者へかかわる行為をしながら考えるという営みが、ソーシャルワーカー（ケアマネージャーも同じだと思います）の実践を支え導く、既存の理論にとどまらない新しい理論を構築するということです。「事例」に含まれる、利用者やその家族の生活状況とそれにかかわる援助者（ソーシャルワーカー、ケアマネージャー）の行為と経験を振り返り、言語化することが、よりよい生活支援のあり方の創造につながります。

研究会を開催することは、ショーンの言うように、私たちが「実践の文脈における研究者」となることです。そこで行われるのは、私たちの実践を支える「言葉」や「知」を、私たちの実践をみつめることを通して見出していく作業です。

そのことは、既存の教科書的な言葉や知識にとどまらない、自分たちの経験から生じる言葉、そして理論をも生み出すことにつながります。それらは、観念的、抽象的、理念的な言葉というよりは、むしろ現実的、具体的で、かつ実践的な言葉です。その私たちの経験に根ざした、言わば「実感としてわかりやすい」言葉や理論が、私たちの「かかわり続ける」行為を支えてくれるのです。しかし、それらは教科書等の類いに書かれてあることと異なるというものでは決してありません。教科書の内容と私たちの経験や実感をつなぐものとして、いわゆる理論と実践とを結ぶ触媒となるような言葉や理論であると言えます。

(3)「実践知」を豊かにする

ソーシャルワーカーやケアマネージャーなどの対人援助職が、研究会を立ち上げ運営する意義の一つに、自分たちの経験から導き出される「実践知」の獲得が挙げられます。「実践知(practical intelligence)」とは、「熟達者(expert、エキスパート)がもつ実践に関する知性である」(楠見 二〇一二:四)とされています。

それは、言わば「教科書的な知」「机上の知」「形式的な知」とは異なって、実践経験のなかで獲得される「感覚的」「経験的」なものであり、知識というよりはコツや勘なども含めた「知恵」というにふさわしいものと言えます。さらにいえば、「無意識的」なものでもあり、それらが意識的に言語化され、表現されることは少ないのですが、私たちの実践を支えているとても大切な「知」です。

実践知を研究する楠見孝氏は、「実践的知能は日常生活の文脈において問題を解決するために、経験を通して学んだ知識を適用・活用し、実行・達成を支える知能である」（楠見 二〇一二：一〇）と述べています。私たちの実践に置き換えれば、利用者や家族が抱える生活問題を解決するために、専門職である援助者がその経験を活かした支援の展開を可能にする知能が実践知であると言えます。

しかし、だからといって、「教科書的な知」「机上の知」「形式的な知」に意味がないということでは決してありません。そのような標準化された知を、それぞれの実践場面に応じて適切に活用する、利用者の状況に応じて駆使することを可能にする役割が、実践知にあると言えます。

また、実践知を言葉にして、積み重ねていった結果、「知」が標準化され、共有されることもあるのです。たとえばソーシャルワークの理論など、対人援助の知は、そうして発展してきたと言っても過言ではないでしょう。ケアマネージャーならケアマネージャーの実践知を言葉にして、積み重ねていくことが、ケアマネジメントの理論と実践を発展させていくことになるということです。

さらに、経営学者の野中郁次郎氏らによる著書『知識創造企業』の中には、知識創造の三つの特徴として、次のように述べられています。

「第一に、表現しがたいものを表現するために、比喩や象徴が多用される。第二に、知識を広めるためには、個人の知が他人にも共有されなければならない。第三に、新しい知識は曖昧さと冗長性のただなかで生まれる。」(野中・竹内 一九九六:一五)

事例、すなわち私たちが実践の現場で遭遇する利用者やその生活状況は、それぞれに複雑であり、私たちは、それを言葉では上手く表現しがたい現実を経験します。そのような経験を、他者とともにできる限り言語化する作業が、複雑な現実を整理して、その現実に向き合っていく援助者の営みを支える「知」を生み出します。そこでは、曖昧なことも、葛藤するようなことも、上手く言葉にできないことも、知を生み出す大切な試行錯誤の過程として大切にされます。

これを可能にする場は、あらかじめプログラムや講師が決まっているような「研修会」ではなく、参加者が同じ立場で、お互いに自由に意見が言い合える「研究会」です。そのような研究会でなされる、メンバー同士のやりとりや相互作用の中で、自分たちの日々の実践を支える知が見出され、共有されていくのです。

（空閑浩人）

参考文献

石原孝二（二〇一三）「当事者研究とは何か――その理念と展開」石原孝二編『当事者研究の研究』医学書院、一一－七二頁。

空閑浩人（二〇一四）『ソーシャルワークにおける「生活場モデル」の構築――日本人の生活・文化に根ざした社会福祉援助』ミネルヴァ書房。

楠見孝（二〇一二）「実践知と熟達者とは」金井壽宏・楠見孝編『実践知――エキスパートの知性』有斐閣、三－三一頁。

ショーン、ドナルド・A／柳沢昌一・三輪建二監訳（二〇〇七）『省察的実践とは何か――プロフェッショナルの行為と思考』鳳書房。

野中郁次郎・竹内弘高／梅本勝博訳（一九九六）『知識創造企業』東洋経済新報社。

第Ⅰ部　研究会立ち上げの経緯と運営

――地域包括支援センター主任ケアマネージャーである私たちの取り組み

第1章　なぜ、どのようにして立ち上げたのか

1　「共に意見交換する場づくり」からのスタート

二〇〇五年の介護保険法改正に伴い、二〇〇六年四月に地域包括支援センターが設置されました。

この地域包括支援センターでは、他の専門職（保健師・社会福祉士）とともに、主任介護支援専門員（以下、主任ケアマネージャー）という職種が新たに設けられ、配置されることとなりました。それに伴って、主任ケアマネージャーになるための研修が開始され、当時ケアマネージャー（介護支援専門員）であった筆者（古川）らも、その研修に参加していきました。正直なところ、日常の業務を調整しながらの参加が大変だったという印象です。当時、京都市北

区（面積約九五㎢、人口約一二万人、高齢化率約二五％〔二〇一七年現在〕）には二五の居宅介護支援事業所があり、ケアマネージャーは約八〇名、そのうち一六名が主任ケアマネージャーの研修を受講しました。さまざまなテーマでの講義と演習を交えた数日間にわたる研修内容で、ケアマネージャーとしてのスキルアップや事業所のリーダーとなるための研修という側面はもちろんありましたが、地域包括支援センターの設置や運営のために主任ケアマネージャーが必要だからという理由で、職場からの業務命令によって受講した人も多かったと思います。

ちなみに、厚生労働省によると、地域包括支援センターの主任ケアマネージャーは「地域における包括的、継続的なケアマネジメントの中核を担う人材」とされ、求められることとしては「支援困難事例への支援や日常的な業務を行う上での相談、支援」「日常業務における介護支援専門員の資質向上を図る指導」「公平・中立性の維持」が挙げられています。しかし、現在のケアマネージャーの資格と具体的に何が違うのか、「主任」というのはどういう意味なのか、「介護支援専門員への指導」とあるがどのようにやればよいのかなど、主任ケアマネージャーという資格に対する色々な不安や疑問を抱えていた時期だったと思います。

京都市北区には、五カ所の地域包括支援センターがあります。各センターに所属する私たち五人の主任ケアマネージャー（古川美佳・吉田栄子・酒枝素子・園家佳都子・竹内卓巳〔以下、私たち）は、開設当初より、同じ北区にあるセンター同士、相互の連携や協働を大切にすることを心がけてきました。地域包括支援センターやそこに所属する主任ケアマネージャーの役割は何かということが、まだ具体的にわからない状態で、とにかく自分たちに必要とされる色々なことを共有しながら取り組んでいくことを大切にしました。

「北区の地域包括支援は一つである」を合言葉に、毎月一回専門職会議を開催し、「包括的・継続的ケアマネジメント」をどのように展開していくのかについて、勉強会や話し合いを積み重ねてきました。具体的な内容としては、たとえば「地域とは何か」をテーマにした研修会、「社会的孤立」の事例などを扱った勉強会、また専門職だけでなく民生委員などの地域の方々との交流の場をつくるなど、「地域で顔の見えるつながり」をつくろうと努力してきました。少人数で行うこともあれば、内容によっては隣接する左京区や上京区などと合同で企画することもありました。このような取り組みを通して、さまざまなサービス事業所同士の連携や地域との信頼関係も築かれていったように思います。

また、地域包括支援センターだけではなく、居宅介護支援事業所で働くケアマネージャーの中にも、主任ケアマネージャーの研修を受ける職員も多くいました。その理由は、ケアマネージャーとしてのスキルアップのために、また、事業所からの業務命令などさまざまでした。いずれにしても、同じ地域で働く主任ケアマネージャーが増える中で、私たちは、「居宅介護支援事業所の主任ケアマネージャーは、地域の財産である」という考え方を基本とし、同じ主任ケアマネージャーとして支え合っていきたいという思いを共有しました。

それは、地域包括支援センターでできることが限られている中で、住民に身近な存在としての居宅介護支援事業所が地域の財産となって、その機能を発揮し、地域住民の生活を支えることが大切だからです。そして、そのようなそれぞれの居宅介護支援事業所の地域に根ざした活動を、地域包括支援センターがしっかり支えないといけないと考えたからです。

支援の対象となる利用者や家族が抱える生活問題が多様化、複雑化していく中で、一人のケアマネージャーや一つの事業所だけで解決するということは不可能です。それゆえに、地域のケアマネージャーや事業所同士が相互につながり、連携する必要性がありました。「地域」を意識し、「地域」への視点を持っての業務が、ますます求められていると感じていました。

そして、地域包括支援センターと居宅介護支援事業所という、所属はそれぞれ異なるにしても、同じ主任ケアマネージャーの資格を持つ者として、仕事の現状や今後のあり方などについての意見交換を行いたいと思いました。地域を基盤にした自分たちの仕事のあり方や、地域を意識した支援のために協力できることなどについて、一緒に考えていきたいと思いました。今後ますます人口の高齢化が進行し、独居や夫婦のみの高齢者世帯が増加し、要介護状態にある人々も増加する中で、多くの事業所やケアマネージャーが、それぞれ単独でいくら活動しても、地域全体を支えることは到底できません。まずは事業所同士、ケアマネージャー同士が相互につながらなければ、「地域の福祉力」の向上にはつながらないと思ったからです。

たとえるならば、一事業所や一人のケアマネージャーによる利用者支援の「点」の活動を、相互につなぐことにより、地域全体とその住民を支える「面」の活動にしていかなければならないということです。そのために、事例検討会を開催したり、民生委員や地域住民、地域にある商店などとのつながりについて考えたり、制度に基づくフォーマルなサービスだけでなく、近隣住民による見守り活動その他のボランティア活動などのインフォーマルなサービスとの協力、協働についても検討しました。そのような取り組みを通して、少しずつ私たちの中に、「地域への視点」や「地域への働きかけ」、そして「地域住民とともに動く」という意識や行動が育まれ、共有されてきたように思います。

その頃の私たちは、新たに誕生した「地域における包括的、継続的なケアマネジメントの中核を担う人材」としての「主任ケアマネージャー」の資格について、それは具体的に何をすることなのかを模索しているのが現状でした。「主任ケアマネージャーの研修は受けたけれど、さて何をしたらよいのかがわからない」という声も多く聞かれました。だからこそ、主任ケアマネージャーの役割について、その資格を取得した私たち自身が考えないといけないと思いました。

そのような思いから、地域（京都市北区）の主任ケアマネージャーに声をかけて、この資格の意味や意義、役割について共に考え、見出していくべく、「とにかく集まって、意見交換して、一緒に考える」場をつくることから始めました。とはいえ、集まってもらうためには、主任ケアマネージャーが所属する各居宅介護支援事業所の管理者（事業所所長）の許可が必要です。そのために、管理者の方々との顔合わせ会や交流会も企画して、私たちの取り組みへの理解を促しました。また、会合のお知らせと参加のお願いを、主任ケアマネージャーだけでなく所属先の管理者宛にも送付し、さらに会場もできるだけ区役所の会議室を借りるなどして、あくまでもフォーマルな集まりとして、主任ケアマネージャーが勤務の一部として参加しやすいような工夫をしてきました。

2　最初の三年間の取り組み――二〇〇六～二〇〇八年度

(1) ケアマネージャーの現場にある課題を把握する

地域包括支援センターの役割や主任ケアマネージャーの役割について、最初は、具体的にどうすればよいのかわからないことばかりの状態でしたが、まずは同じ地域で働くケアマネージャーについて知ることから始めました。事業所の数やそこで働く職員数をはじめ、ケアマネージャーが日頃の業務の中で何を課題と感じて、たとえばどんな研修を求めているのかなどについて知ることから開始しました。

そのために、私たちは、京都市北区の居宅介護支援事業者連絡会（介護保険制度が始まった二〇〇〇年から、月一回の頻度で開催されているケアマネージャーを中心とした学習及び情報交換会）へ参加するようにしました。連絡会には、北区で働くケアマネージャーが、多い時には五〇名ほど参加していました。この連絡会の運営を担う運営委員会にも、私たち五名ともが参加して、さまざまな事業所で働くケアマネージャーと顔見知りになり、信頼関係づくりや情報収集を行い、現状把握に努めました。

写真1-1　研究会の全景

当時、ケアマネージャーの課題は所属する事業所の課題として捉えられる傾向がありましたが、私たちは、「共に働く地域の課題」として捉えて、一緒に考えていきたいという目標を立てました。また、何人かのケアマネージャーからも、他の事業所の人と話がしたい、一緒に勉強する機会がほしい、難しいケースで悩んでいるので相談する場がほしいなどの声も聞かれました。

そうして、各事業所のケアマネージャーが集う合同の事例検討会や資格を取得したばかりの新人ケアマネージャー同士の交流会、また各事業所の管理者が集う懇談会などを企画、実施していきました。その結果、ケアマネージャーの現状について多くを知ることができるようになり、同じ地域にある事業所同士のつながりもできて、「地域の課題には協力して取り組む」といった意識も共有されていきました。

(2) ケアマネージャーの現場にある課題解決にかかわる

前述したように、私たちは、居宅介護支援事業者連絡会や運営委員会へ積極的に参加していきました。その中で、ケアマネージャーが抱える悩みや課題の解決に向けた取り組みを行いました。たとえば、利用者や家族とのコミュニケーションのあり方、アセスメントやケアプラン作成について、また事業所や関係機関との連携などをテーマに、勉強会や研修会、事例検討会を行いました。区役所やさまざまな関係機関の協力を得ながら企画・実施をして、時には地域包括支援センターの職員が講師を担うこともありました。

また、運営委員の負担軽減につなげるための組織化についての議論にもかかわりました。運営委員はそれぞれ、日常のケアマネジメント業務や事業所の職員としての業務を担いながら、連絡会の運営に携わっています。委員への負担が大きくなると、どうしても日常の業務に支障を来すことになり、委員のなり手が少なくなります。特定の委員に負担が集中することなく、無理なくこの連絡会が継続していけるようにする必要がありました。たとえば、委員の交代の際に引き継ぎが上手くいっていないという課題がありましたが、新旧運営委員間でのスムーズな引き継ぎのために、連絡会の運営マニュアルの作成を行いました。

そして、さらなる地域の現状把握と、ケアマネジメントの質の向上を目指して、定期的に事例検討会を行うようにしました。それぞれの生活圏域での主任ケアマネージャーの活動は、地域における「包括的・継続的ケアマネジメント」の基盤として重要です。その意味でも、具体的な事例を通して、それを実現させていきたいと思いました。

生活圏域ごとの特徴を確認しながら、「医療との連携を考える事例検討会」「ケアプランからみる事例検討会」「権利擁護を考える事例検討会」など、その時のテーマに応じて、介護サービス事業者や開業医、弁護士、消防や警察などの関係職種や機関も巻き込んだ事例検討会を開催していきました。ケアマネージャーが利用者のすべてを知っているわけではありません。だからこそ、その利用者にかかわるさまざまな職種や地域のさまざまな方の情報が大切です。そこからも、ケアマネージャーは多くを知ることができ、支援のヒントを得る機会となります。

また、さまざまな事業所に参加してもらうことで、お互いに顔見知りになり、地域で協力し合える関係になっていきます。地域の関係者の方にも気軽に参加してもらえるように、専門用語をわかりやすく説明したり、忌憚なく意見交換できるような雰囲気づくりをするなどして、同じ地域にある施設や機関として、また同じ地域で働く者として、必要な時にはお互いに協力してもらえる関係づくりを心がけてきました。

このような取り組みを通して、たとえばある圏域では、「管理者・主任ケアマネージャー世話人会」が自主的に立ち上がり、生活圏域内での介護サービス事業者の組織化や、活動交流集会の開催などの取り組みが生まれました。この会の取り組みは、現在でも継続して行われています。このように、「同じ地域で働く仲間として共に支え合う」という趣旨での取り組みは、職種、事業所の壁を越えた関係づくりに有効な場となり、現在も継続しています。

(3) ケアマネージャーを続ける・辞めるについて考える

ある時の居宅介護支援事業所連絡会で、ケアマネージャーの経験年数別のグループを作って、簡単なグループワークを行おうとした際に、気づいたことがありました。大勢いる一年目のケアマネージャーに対し、二年目、三年目と経験を重ねるごとに人数が減っていること。その一方で、五年以上続けているケアマネージャーは多くいるということでした。

「なぜ二～三年目で辞める人が多いのか」「辞める理由は何か」「五年以上続けてきた人たちには、何が続けさせる要因となっているのか」「せっかくケアマネージャーの資格を取得した人たちを辞めさせないために必要なことは何か」を、考えなければいけないと思いました。北区で働くケアマネージャーを、「地域の財産」として大切に育てる、支えるということも、主任ケアマネージャーの重要な役割であり、私たちはその役割を果たしていかなければならないと、改めて認識させられた経験でした。

この経験から、「ケアマネージャーを続ける人と辞める人の違いは何か」「辞めたいと思うのは、どのような時か」「もしも何かに悩むとか、つまずくなどして辞めていくのであれば、それはどのようなことなのか」などについて知りたいと思いました。ケアマネージャーが支えられなければ、地域の介護を支えることはできません。介護保険制度も機能しません。その意味でも、ケアマネージャー個人の都合や資質、あるいは努力の問題で終わらせてはいけないと思いました。地域で働くケアマネージャーを支えることを目的に、地域でできることがあるはずです。そして、せっかくケアマネージャーになった人たちが、お互いに支えられる関係や、働きやすい・働き続けたいと思えるような環境づくりに向けて、みんなで知恵を出し合って取り組みたいと思うようになりました。

そこで私たちは、「新人ケアマネージャー交流会」を開催することにしました。この会の目的は、同じ地域で働く、経験年数も同じ一年目のケアマネージャーが、お互いに情報交換を行い、仕事をする上での課題や現在抱えている悩みなどを共有して、共に支え合う仲間づくりの場や機会にするというものでした。いわゆる「同期」としての仲間作りを目的にした企画でした。同期の仲間にこそ支えられることがある。支え合える同期がいたら人は簡単に辞めない。そのような思いからの企画でもありました。

開催してみると、私たちの想像以上に、参加者が自由に生き生きと話し合う様子がみられました。ある参加者にとっては、職場であるいは上司には聞けないような、仕事上の疑問や悩みをお互いに聞いてもらえる機会となりました。職場だと「こんなことも知らないの？」と上司に言われかねないようなことでも、お互いに気軽に聞ける場となりました。また、別の参加者にとっては、自分だけだと思っていた悩みやとまどいが、他の人にも共通してあることを知って、安心感を抱くとともに、前向きになれる場にもなりました。

悩みを抱えているのが自分だけではなく、他の人も同じような悩みを抱えていることを知ることが大きな支えや勇気になることがあります。居宅介護支援事業所は、決して職員が大人数の職場ではありません。同期の職員がいないことが多い職場です。そのような職場で、どうしても一人で抱え込んでしまいがちな悩みや困りごとも、気軽に話せる場所があることが、新人ケアマネージャーの支えになるのです。

この「新人ケアマネージャー交流会」は、参加者の満足度も高い企画となりました。この交流会での出会いをきっかけに、その後も自主的に集まるような関係も生まれました。当初は昼間の時間帯での開催でしたので、「交流会」（「研修会」や「連絡会」ではない）への参加が、ケアマネージャーが所属するそれぞれの事業所から業務として認めてもらえるのかという不安もありました。「確かに会の継続については要検討だが、とにかく一度やるだけやってみよう」という思いの中での開催でした（資料1-1）。

初めての交流会を終えて、この会をぜひ継続して開催したいと思った私たちは、当日の盛り上がりや参加者同士の意見交換の内容について、ケアマネージャーが所属する各事業所の管理者へ報告しました。事業所の方でも、この会に参加した新人ケアマネージャーのその後の様子や仕事ぶりなどに触れて、会の意義を評価してくれました。事業所によっては、所属するケアマネージャーへの支援として、この会を位置づけているところもあり、現在も継続して開催しています。

また、この会に参加した人々から、「一年目の時だけでなく二年目以降もやりたい」「二年目のケアマネージャー対象の交流会もやってほしい」というリクエストが出てきました。現在では、一年目のケアマネージャー交流会とは別に、二〜四年目のケアマネージャーが集う交流会も開催しています。食事を交えての気楽な集まりですが、ケアマネージャーにとって、このような場所があることが大切だと思っています。何よりケアマネージャーを孤立させな

資料1-1　ある日の「新人ケアマネージャー交流会」の報告

新人ケアマネ交流会

8月26日　北区で働く新人ケアマネ（ケアマネ経験1年未満）さんの交流会を開催しました。

北区の同期仲間を作りましょうということで，毎年開催しており，毎度好評!!

今年は新人さん17名の方が参加。

内女性9名　男性8名
今年は，男性CMの豊作年ですか⁇


〈自己紹介〉
- 人前で話すのが苦手で，担当者会議が苦手で…
- 今までやってきた仕事と，視点が違うので思考がスムーズにいかない。
- パソコン業務と時間調整が上手くなってきました。
- すごい家，生物との戦いに頑張っています。
- 酷暑，豪雨，悪天候に耐え訪問しています。
- 京都の地図に詳しくなってきました。

〈KJ法〉
- KJ法で，それぞれの今の思いを自由に書き出しました。
仕事のやりがいや，楽しいことをピンクの付箋に。少ししんどいと思う部分をブルーの付箋に。一つの付箋に一つの思いを書き込んで，よく似た内容をひとまとめにする作業の中で，悩んでいることは同じなんだ…という気づきから気持ちが楽になったり…。毎年，この研修を開催しますが誰もが通った道を，しっかり歩まれていることがわかりました。

書類が，一杯たまって大変です。

～今年の新人さんのキーワードは～

「一人ではない！」

「スマイル」

「四方山（よもやま）」


〈感想〉
- 心を許しながら同じ目線で話ができた。
- 職場では聞けないことを聞くことができた。
- 一年生がこんなにたくさんいるとは！驚き！
- 一人じゃないと心強く感じた。
- CMはいろいろありますが頑張りましょう。
- 言いたい事をたくさん話ができて気持ちがすっきりした。
- 管理業務からCMへ。今日からまた新たなスタート。
- 相談できる場がたくさんある事を知った。

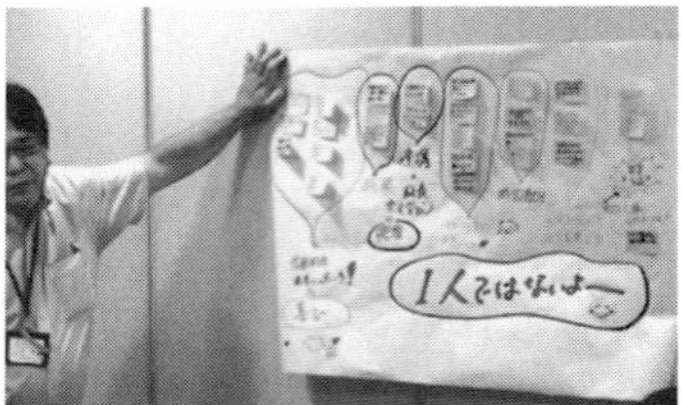
1人ではないよー

いことが、この仕事を辞めずに続けてもらうために必要なことだと思いました。

ケアマネージャーは各事業所に所属して仕事をしますが、このように同じ地域で働くケアマネージャーとして、事業所を越えた仲間作りや同期のつながりを築くのはとても重要だと考えます。それは仕事を続ける上でも大きな支えとなると考えます。きちんとしたデータをとっているわけではないのですが、この会を始めてから、二～三年目で辞めていくケアマネージャーの数が減ったと感じています。「自分は一人ではない」「自分には支え合う仲間がいる」「こんな悩みを抱えているのは決して自分だけじゃない」というような思い、そして、他のケアマネージャーとの交流の中で得られる仕事上のさまざまな知恵やヒントが、一人ひとりのケアマネージャーを支えている力になっていると思います。

3　主任ケアマネージャーだけで集まる意見交換会の開催へ

(1) 居宅介護支援事業所主任ケアマネージャーの思いや声を受け止める

私たちは、居宅介護支援事業所で働く「主任ケアマネージャー」のネットワークづくりにも取り組んでいきました。地域包括支援センターが担う「地域における包括的・継続的ケアマネジメント」を展開する上では、地域の介護サービス事業所間のネットワークと連携の仕組みを作ることが重要になります。

そして、そのためには何より居宅介護支援事業所の主任ケアマネージャーが果たす役割が大きいと考えました。居宅介護支援事業所の主任ケアマネージャーの思いや声に耳を傾けるべく、聞き取りによるアンケート調査を行いました。対象は京都市北区内の主任ケアマネージャーの資格取得者全員（当時は一六名）としました。内容は、①取得した主任ケアマネージャーの資格が現在の業務に役立っているか、②主任ケアマネージャー資格取得のための研修を受けた動機や理由は何か、③事業者内で事例検討やケアプランチェックを行っているか、④主任ケアマネージャーとしてのモチベーションは維持できているか、⑤特定事業所加算取得の状況はどうか、⑥地域包括支援センターの主任ケアマネージャーへ求めることは何か、の六つの項目についての聞き取り調査をしました。

その調査の中で、居宅介護支援事業所の主任ケアマネージャーの役割として不明確な部分が多く、主任ケアマネージャーだからこその役割や機能については、事業所内でも未だ確立されていないという意見がありました。また、居宅介護支援事業所と地域包括支援センターの主任ケアマネージャーの役割の違いについて知りたいという声もありました。主任ケアマネージャーの役割を明確にするには、各居宅介護支援事業所の管理者との意見交換も必要であるなど、多くの意見を聞くことができました。

たとえば、「資格は取得したけど、何を期待されているのか、何をしたらよいのかわからない」というとまどいを、多くの主任ケアマネージャーが抱えていました。「スーパービジョンをやってと言われるけど、どうしたらよいのかわからない」とか、「ケアマネージャーの指導と言われるけど、指導できるほどの力が私にはないのに」という悩みも多く聞かれました。「『主任』という肩書が私には重い」という声もあり、「主任ケアマネージャーならでは」の疑問や悩みが、それぞれにあることがわかりました。

この調査を通して、今まで「主任ケアマネージャー」そのものをテーマにした議論をしたことが無かったこと、そして主任ケアマネージャーだけが集まって意見交換する場が必要であることなどが確認されました。主任ケアマネージャーが担う事業所での役割の明確化はもちろん、同じ地域で働く主任ケアマネージャーとしての相互のレベルアップを図るべく、協働して取り組んでいくことが必要と考えました。

(2) 第一回「居宅介護支援事業所主任ケアマネージャー意見交換会」の開催

二〇一〇年の初めに、第一回「居宅介護支援事業所主任ケアマネージャー意見交換会」を開催しました。まずはお互いの交流と主任ケアマネージャーが事業所や地域で果たす役割についての意見交換を目的に行いました。

参加者からは、「主任ケアマネージャーとしての資格を自覚して、仕事をしているわけではない」「新人ケアマネージャーが、この仕事を嫌になって辞めることのないように育てていきたい」「主任ケアマネージャーとして、スキルアップを図っていきたい」などの意見が出されました。意見交換を通して、改めて主任ケアマネージャーとして何をするべきなのかという、「立ち位置（ポジション）の難しさ」に関する認識が共有されました。私たちは主任ケアマネージャーとして何をしたいのか、また主任ケアマネージャーだからできることは何かなどについて、継続的に話し合う必要があるということを感じました。

具体的には、主任ケアマネージャー同士の交流とお互いの居宅介護支援事業所のレベル向上を目的として、知識の習得や確認そして仕事のモチベーションの維持のための勉強会を開催することや、地域資源マップ作成や事例研究を通してのネットワークづくりなどに取り組むことになりました。

また、その頃に発行されたケアマネージャーの専門誌に、服部真理子氏が居宅介護支援事業所の主任ケアマネージャーの四つの役割を挙げているのを見つけました（服部 二〇一〇：八四）。その内容は、①新人ケアマネージャーのフォローとカンファレンスや困難事例のスーパーバイザー、②経験の浅いケアマネージャーに対する相談対応や他機関との連携の仲立ち、③地域包括支援センターと協働したケアマネージャー支援のためのサポート体制の構築と拡大、④保険者との連携および地域の高齢者ケアやマネジメントに関する提言を地域包括支援センターと協働した実施する、というものでした。

私たちの抱えていた疑問を的確に整理したような内容だったので、まずはこれを参考にしようと思いました。具体的には事例検討などを通して、自分たちの実際の業務と照らし合わせながら、主任ケアマネージャーとしての役割の確認や共有を目指すことになりました。

(3) 定期的・継続的に開催する会へ

二〇一〇年四月に、第二回「居宅介護支援事業所主任ケアマネージャー意見交換会」を開催しました。居宅介護支援事業所で働く主任ケアマネージャーとしての交流と果たす役割の確認を目的に、第一回の会合の報告の後、事例研究と意見交換を行いました。

また、この回からは、空閑浩人氏（同志社大学社会学部社会福祉学科教授。以下、空閑T）に、講師として参加してもらうことになりました。空閑Tとの出会いは、ケアマネージャーの更新研修の時でした。講師として話される内容がとてもわかりやすく、私たちケアマネージャーの仕事の実際や実感に寄り添った話をされていたのが印象的でした。また質問なども気軽にできる方だったので、この会に、講師としてぜひ来てほしいと思っていました。空閑Tからは「一緒に勉強しましょう」というお返事を頂き、以来、今日まで続けて参加して頂いています。

参加者からは、「地域の主任ケアマネージャーと顔合わせができることがありがたい」「他事業者の方のことを知ることができて、今後相談がしやすくなる」という意見や、特に事例研究については「自分とは違った視点に気づくことができた」「主任ケアマネとしての自分の立つ位置を常に考えながら個々の事例にかかわっていきたい」「今日の学びを地域との連携に活かしていきたい」などの意見が出されました。

全体としては、講師である空閑Tのコメントに対して、「事例の論点が整理された」「新たな視点や気づきが得られた」などの意見もあって、参加者の満足度は高かったようです。また、「ルーチン業務に追われ、自分の机から離れる機会が少ないので大変良い機会を与えてもらった」「事例研究だけではなく色々なテーマや企画でこの会を継続していただきたい」という声もありました。

しかしながら、その一方で、「主任ケアマネージャーの資格はあるが、特段変わった業務はしていないので、参加することにためらいがあった」「主任ケアマネージャーだけで集まる必要性がまだよくわからない」「今後に期待する内容と問われても特に思い浮かばない」などの意見もありました。今後の企画や運営の仕方についても、考えさせられることとなりました。

この第二回目の会合を終えて、私たちは、参加者の意見を踏まえて、今後の会のあり方や内容について話し合いました。こうして集まることの意義をもっと明確にして伝えていく必要があること、事例研究の際にもっと地域を意識してもらうような投げかけや質問などをする必要があること、面接やコミュニケーション技術を含めた援助技術に対する理解や向上を図る必要があることなどが確認、共有されました。

続いて、第三回目を二〇一〇年七月に開催しました。この回では、「事例研究を通して、私たちが地域でできることを考える」ことを目的に、地域包括支援センターの主任ケアマネージャーより提供された事例（「支援が必要なAさんにとっての地域とは？」）を通して意見交換を行いました。地域で暮らす高齢者のAさんが、実際に利用しているインフォーマルサービスの紹介と、今後活用できそうなサービスや社会資源などについて、参加者全員で考えました。

事業所や支援者からの目線ではなく、あくまでも利用者本人の立場に立って、本人の側から考えるということを大切にしました。本人にとってこの地域にはどういう意味があるのか、長い間本人の暮らしの場であったこの地域にはどのような地域性があるのか、本人がこれからもこの地域で暮らしていくためには地域がどうあればよいのかなど、地域に目を向けて考える機会となりました。

またこの回では、机の配置も工夫しました。グループで話しやすいように、いつも「ロの字型」の配置してはいるのですが、前回よりもお互いの机を近づけて（すなわちお互いの距離も近づけて）、集中して話し合いができるような空間づくりをしました。参加者からは「机を囲んでの意見交換で緊張せず話ができてよかった」という感想があり、机の配置についての工夫を含め、話しやすい雰囲気づくりについても気づきを得た会となりました。その他「他の事業所の会議の仕方や仕事の様子など、事例以外の話も聞けて良かった」「利用者の生活全体をみるということ、また地域を意識することなど、支援の視点が広がった」「空閑Tによるコメントやスーパーバイズ、また最後のまとめがあることで自分の考えが整理できた」などの意見が出されました。

第四回は、二〇一一年一月に開催しました。「地域における孤独、孤立」をテーマに講義と意見交換を行い、主任ケアマネージャーが地域で果たす役割を考えました。最初に空閑Tによる地域での孤立とその予防をテーマに講義をしてもらい、その後で意見交換を行いました。当時は、孤独死・孤立死などの「社会的孤立」の問題が注目され、孤立予防が重視されていました。私たちも、地域で生じるこの問題についての認識と対応を共有しなくてはと思っていました。

特に一人暮らし高齢者をはじめとする住民の孤立状況を予防するための、主任ケアマネージャーとしての役割について考えました。地域にある居宅介護支援事業所の役割と地域包括支援センターの役割をつなげること、すなわち個々の利用者や家族に対する、いわば「点」での支援を担う居宅介護支援事業所と、地域全体を視野に入れた、すなわち「面」での支援を担う地域包括支援センターとの相互の役割と機能をつなぐことについて議論を行いました。当事者や家族、近隣での自助や互助への働きかけだけに留まらず、行政の公的責任と役割への働きかけも主任ケアマネージャーの役割ではないかという意見も出されました。

また、この回の参加者からは、「主任ケアマネージャーが集う会という趣旨は理解しているが、たとえば主任ケアマネージャーの資格は取得していないけれども、五年とかの経験年数があるケアマネージャーも参加してよいのではないか」という意見が出されました。他にも、「この会に参加したいけど、事業所や仕事の都合などで参加できずにいる人もいるので、参加できるようにしてあげられないか」という相談もありました。

私たちは、この会の運営にあたり、このような会の運営に対する参加者の意見も大切にしました。それは、私たちがすべてをお膳立てして、参加者を「お客さん」にしてしまうような会ではなく、参加してくれる人々と一緒に、この会をつくっていきたいと思っていたからです。参加者に主体的にかかわってもらえない限り、このような会は継続しないと考えていたからです。その意味で、参加者の声や意見、また当日の様子や表情などを、大切に受け止めて、会の運営に活かしていこうと心がけてきました。

当初から、主任ケアマネージャーの会として立ち上げて取り組んできたのですが、どこまで呼びかけるのかの範囲や、参加したくてもかなわない方にどのように呼びかけるかも含めて、改めて今後のこの会のあり方を検討しようということになりました。

4　会の立ち上げから五年間を振り返って

一〇名にも満たない参加人数での立ち上げから始まった五年間でした。しかし、今振り返ると、何より継続することの大切さを学んだように思います。

私たちは、同じ地域で働く主任ケアマネージャー同士で何か一緒にできることはないだろうかと模索しながら、とにかく集まって話ができる場づくりをということで、会の立ち上げからここに至るまで、試行錯誤しながら取り組んできました。まずは地域で働くケアマネージャーが抱える現状を知ることに始まり、支援の仕事を通して経験するさまざまな課題について、ケアマネージャーと一緒に学び、考え、そして一緒に解決していくという方針で活動してきました。また、その過程では、会の意義やあり方、内容や運営の仕方などについて、多くの話し合いを重ね、また参加者から寄せられる色々な声も受け止め、参考にしていきました。

このような取り組みを続ける中で、「同じ地域で働くケアマネージャー同士がつながり、仲間になること」「事業所やケアマネージャーを孤立させないこと」「地域でケアマネージヤーを支えて、育てること」「事例研究会などにより、ケアマネージャーが行うケアマネジメント実践への支援を行うこと」「そのためのスーパービジョンへの理解を深めること」などの必要性や重要性を、単なる言葉としてではなく、自らの実感として次第に意識するようになりました。

二〇一一年に神戸ポートピアホテルで開催された「第一〇回近畿介護支援専門員研究大会兵庫大会」（二〇一一年二月二七日）では、私たちの取り組みについて発表する機会を得ることができました。「主任介護支援専門員専門職会議の実践と課題について――京都市北区地域包括支援センターの取り組みから考察する」というテーマでの発表でしたが、これまでの過程を振り返り、私たちの役割やこの会の意義などを見直す良い機会となったと思います。

ケアマネージャーが、生活支援やケアマネジメントの実践で出会う対象者（利用者）は、たとえ支援を必要とする状態であっても、地域で暮らす地域の一員であることを忘れてはなりません。人々とその暮らしを地域で支えるためには、ケアマネージャーなどの専門職や関係機関などのフォーマルなサービスだけではなく、町内会や自治会などの住民同士のつながりなど活用できるインフォーマルなサービスを掘り起こしていくことが必要です。そのことが、「地域の福祉力」の向上につながり、誰もが安心して暮らせる地域づくりとなります。

しかし、それは専門職が全くかかわらずに、地域に「丸投げ」するということでは決してありません。フォーマル及びインフォーマルな支援それぞれの「かかわり方」の違いであり、相互の役割分担の議論なのです。地域住民が自分たちの暮らす地域に関心をもって、主体的に地域の課題にかかわることが必要です。ケアマネージャーなどの専門職は利用者や家族への支援を通して、近隣の人々の理解や助けを得るなどして、地域住民と協働して取り組むという視点をもつことが大切です。また、たとえば虐待や孤立などの支援困難ケースでは、行政機関とも連携しつつその専門性に基づいた対応が必要になります。

さらに、一口に地域包括支援センターと言っても、そこには主任ケアマネージャー以外にも社会福祉士や保健師といった職種も配置されています。それぞれの職種が持つ強みを発揮し、かつお互いに有機的な連携がなされるように、センター内あるいは地域における、この職種間の役割分担のあり方の議論も重要です。

そのような議論の中で、「主任ケアマネージャーの役割は何か」という話になるのです。関係者・関係機関の連携や地域のネットワーク作りの大切さや、住民が地域の課題解決の主体となることへの支援の必要性の中で、地域包括支援センターにおける主任ケアマネージャーだからできる役割があるということなのです。

しかし、このことを上手く伝えられないもどかしさを感じながらの五年間だったと思います。今振り返ってみると、参加者からの「主任ケアマネージャーだけで集まる意味がわからない」「主任ケアマネージャーだけの集まりでいいのか」という疑問や不満の声もあり、それらを課題として受け止めることが十分にできていたのだろうかという反省が、私たちにはあります。居宅介護支援事業所の主任ケアマネージャーの思いや悩みを、私たちが必ずしも十分に受け止めることができずにいたとも思います。

参加者が、続けてこの会に来てくれていたのは、空閑Tが講師であるという要因も大きいと思います。「空閑Tの話が聞ける」というのも、参加の動機づけになっていた感はあります。一方で空閑Tの方はといえば、「大学から近いのですぐ来られます」とか「夕方の授業に間に合えばよいので」などと言いながら、続けて参加してくれました。やはり自分たちだけではどうしても行き詰まってしまう事があったので、第三者の立場で継続して参加して、意見してもらえるのはありがたかったです。このような会の継続のためには、客観的な立場から、私たちのことを見てくれる人がいるということも大切だと思いました。

5　現在に至る「経験年数五年以上のケアマネージャーの研究会」開催へ

このような振り返りと反省を踏まえて、二〇一一年度に引き続き開催した主任ケアマネージャー意見交換会では、ケアマネージャーとしての経験年数別の課題の抽出と分析を行いました。この取り組みの背景には、せっかくケアマネージャーの資格を取得したにもかかわらず二～三年目で辞めてしまう人が多いということ、ケアマネージャーの仕事が続けられるためには経験年数に応じて必要なサポートがあるということ、また経験を積む中で向き合わないといけない課題も変わってくるなどの課題がありました。ケアマネージャーを続けてもらうために、そしてそれぞれの経験年数における課題を抱えるケアマネージャーを支えるために、主任ケアマネージャーとしてできることは何かについて考えるという趣旨の取り組みでした。

それに先立って、京都市北区のケアマネージャーが集まる居宅介護支援事業者連絡会で、経験年数別のグループに分かれて、「ケアマネージャーとしてできていること／困っていること」について、自由に意見を出し合い、話し合うという企画を実施しました。そしてその結果を、主任ケアマネージャーの意見交換会で取り上げたのです。たとえば、一～二年目のケアマネージャーにとっては利用者宅への訪問や関係づくり、三～四年目のケアマネージャーにとっては家族支援や地域への働きかけが各々の課題であり、そして五年目以上になるとチームワークや職場環境、人材育成が課題になります。これらの、居宅介護支援事業者連絡会での取り組みから得られた結果を基にして、意見交換を行いました。

その中で、主任ケアマネージャーと経験年数五年以上のケアマネージャーの違いは何かということについて話し合うことにしました。それは、「私たちは確かに主任ケアマネージャーだけど、この度の連絡会での話し合いの結果を見ると、五年目以上の方々が課題として挙げているチームワークや職場環境づくり、職員への指導の仕方などは、まさに主任ケアマネージャーの役割として求められていることと同じではないか」という気づきや認識が契機となったものでした。そこには、ケアマネージャーとして経験を積むことと、「主任」と名のつくこととの意味の違いを改めて見出そうという意図もありました。

もちろん、主任ケアマネージャーの資格を持つ意味は、引き続き見出していく必要はあります。しかし、この会の目的に掲げた「ケアマネージャー同士の仲間づくり」「地域でケアマネージャーを育てる」「ケアマネジメントの質の向上とその支援」を考える作業については、必ずしも主任ケアマネージャーだけで取り組む必要はないのではないか、主任ケアマネージャーということにこだわらず、一定の経験年数をもつケアマネージャーもこの会で一緒に集うことが、地域にとって、事業所にとって意味があるのではないかという意見が共有されていきました。

そして、「主任ケアマネージャー」の資格はないが、五年以上の経験があるケアマネージャーにもぜひ参加を呼びかけたい、一緒に考える仲間が多いほどたくさんの意見が出て、より活発で有意義な会になるはずという考えに至り、ここから現在まで続く研究会がスタートしました。

確かに最初は、「主任ケアマネージャーとは何か」を探るためにスタートした会でした。しかしその答えは、主任ケアマネージャーの資格をもつ当事者だけで集まって話し合っても、結論が出てこないのではという矛盾に私たちは直面しました。

それはつまり、「主任ケアマネージャーとは、あくまでも自らが所属する組織や事業所、また地域の関係機関同士の相互の関係において、『相対的』に生じてくる役割であり、それゆえに、主任ケアマネージャー同士だけで、その役割を探ろうとするのは自己矛盾ではないか」ということです。言い換えれば、主任ケアマネージャーという名前にとらわれすぎていたのではないか、もっと気楽に開かれた場の中で、主任ケアマネージャーである自分たちの役割が、自ずから見えてくるのを待つのもよいのではないか、ということでした。そして何より、私たちが出会うさまざまな事例や、生じてくる課題について、一人でも多くのベテランケアマネージャーに是非一緒に考えてほしいという思いがありました。

こうして、次章で取り上げる「経験年数五年以上のケアマネージャーの研究会」開催へと至りました。ここに至るまでには、私たちに、意見をぶつけてくれる居宅介護支援事業所の主任ケアマネージャーの存在が支えとなりました。また、その後のこの会を運営していく大きな力ともなりました。

言うまでもないことですが、地域包括支援センターだけで、何か地域を変えるようなことができるはずはありません。地域の居宅介護支援事業所やその他の介護サービス事業所があっての地域包括支援センターであることも学びました。この会を通して、私たち地域包括支援センターの主任ケアマネージャーも、地域における自分たちの職場やその役割を知ることができたと思います。

そして何より、この会のあり方についても忌憚のない意見交換をする中で、同じ地域で働くケアマネージャー同士、所属する事業所を越えて、お互いの信頼関係が築かれていったように思います。言わば、ケアマネージャーとしての共通の「アイデンティティ」を確認する機会となりました。これまでを振り返ると、時には先が見えなくなるような試行錯誤の中での取り組みでしたが、その過程でこそ築かれた信頼関係の土壌は、今でも続いています。

6　私たちはこの研究会で何がやりたかったのか

ケアマネージャーが誕生して二〇年、主任ケアマネージャーの資格ができて一五年が経とうとしています。しかし、「主任ケアマネージャーとは何か」については、私たちはまだ模索する日々です。国レベルでは、ケアマネージャー養成カリキュラムの見直しなどの作業も行われています。そのような動きの中で、主任ケアマネージャーの定義も明確になってくるでしょう。

しかし、私たちは、自分たちの経験に基づき、自分たちの経験を振り返る中から、「主任ケアマネージャーとは何か」を自分たちの言葉で表現するべく、これからも探求していきたいと思っています。地域に向けて何を発信し、提供できる職種なのかについて、自分たちの言葉で言語化し、描いていきたいと思っています。

私たちケアマネージャーが働く地域には、それぞれ地域性があります。京都市なら京都市の地域性、さらに京都市の中でも北区なら北区の地域性があります。地域に根ざして活動する以上、私たちの実践はそのような地域性を踏まえてのものになります。その意味で、主任ケアマネージャーの役割について、この地域すなわち京都市北区ならではのオリジナルな姿や形があってもよいのではと思います。そしてその姿や形は、利用者や家族との関係、また他職種や地域住民との関係や協働の中で、「関係的」あるいは「相対的」に見出されるものだと思います。そのためには、研修会や勉強会、事例検討会などを意図的に企画して、できるだけたくさんの関係者やさまざまな経験年数のケアマネージャーとの意見交換の場が必要不可欠です。

また、ケアマネージャーの試験を受けるには、一定の受験資格が必要です。そして、試験に合格すれば、研修受講後にケアマネージャーとしての資格が与えられ、仕事に就くことができます。しかし実際には、介護保険その他の法制度やサービスを知っているだけでは仕事はできません。実際の業務の中では、家庭訪問時のやりとりや、利用者や家族とのコミュニケーションや信頼関係づくりに悩み、とまどうことも多くあります。その際に、私たちの悩みに寄り添って、具体的なアドバイスをくれるような「テキスト」となるようなものは、正直なところありませんでした。

私たちは時間をつくっては研修会等に参加して、自分たち自身で面接の仕方やコミュニケーションのとり方などについて学び、技術を磨いてきたつもりです。そして、そこで取得した考え方や技術をもって、利用者や家族へのよりよい支援を提供しようと今も努力しています。しかし、ケアマネージャーとはいえ、専門職とはいえ、人間がやることです。誰にでも得意なことや苦手なことがあります。かかわりやすい利用者や家族もいれば、そうでないこともあります。

自分自身の苦手な部分について気づくことは誰にとっても難しく、気づくためのツールも中々ありません。そしてそれを指導する方法についても、手引き書の類いはなく、研修会等の指導者に委ねられています。指導する側にとっても、非常に難しい作業だと思います。だからこそ自分たちで研究会を立ち上げるなど、自分たちでできることを一つずつやっていくことが大切なのです。

私たちの取り組みの向こう側には、地域で暮らす利用者、家族、住民の方々がいます。地域の方々に「この地域で暮らして良かった」「この地域で暮らしたい」と思ってもらえることは、私たちにとっての何よりの喜びです。そしてその喜びは、「ケアマネージャーになって、ケアマネージャーの仕事を続けてよかった」という思いにつながります。

ケアマネージャーになった皆さんに、これからケアマネージャーになる皆さんに、一人でも多くの方にそんな喜びを感じて頂き、そして一緒にこの仕事のやりがいを共有したいと思います。なぜこの研究会を立ち上げたのか、何がやりたかったのか、これから何をやりたいのかの答えも、ここに尽きると思います。


（古川美佳・空閑浩人）

参考文献

今井昭二（二〇一一）「主任介護支援専門員専門職会議の実践と課題について――京都市北区地域包括支援センターの取り組みから考察する」（第一〇回近畿介護支援専門員研究大会兵庫大会発表レジュメ、二〇一一年二月二七日、神戸ポートピアホテル）。

日本介護支援専門員協会編（二〇〇九）『介護支援専門員必携テキスト』日本介護支援専門員協会。

服部真理子（二〇一〇）「服部真理子の今月のワンテーマ」『月刊ケアマネージャー』（二〇一〇年一月号）中央法規出版、八四頁。

第2章　どのようにして運営してきたのか

1　色々な手段による参加の呼びかけとまた参加したくなる工夫

（1）「何が足りないのか」を参加者に真摯に聞く

本章では、前章でその立ち上げの経緯について紹介した「経験年数五年以上のケアマネージャーの研究会」（以下、本研究会）に、本研究会を主催する私たち地域包括支援センターの主任ケアマネージャー五名（以下、私たち）が、どのように参加者を集めながら現在まで運営してきたのかについて述べたいと思います。

もちろん最初から多くの参加者があったわけでは決してありません。また、一度参加した方が続けてきてもらうための働きかけも必要でした。

まずは、本研究会を開催する曜日や時間帯の設定にあたり、業務時間内で開催することにしました。できるだけ多くの主任ケアマネージャーが参加しやすいようにと、曜日や時間帯の調整を毎回の研究会ごとに行い、参加を呼びかけました。呼びかけの仕方としては、事業所宛に文書を送る、メールや電話で、または会議等の集まりの際に直接本人に呼びかけるなど、複数の方法で行いました。

しかし、期待したほどの人数は集まらず、全体として参加に消極的な状態が続きました。私たちとしては、もちろん多くの主任ケアマネージャーに継続して参加してほしいと思っていました。しかし、参加者数が伸びない状況を見て何かが足りないからだと考えました。必要なことをやっているという自負はありましたが、それが私たちの自己満足になってはいないだろうかと考えました。参加する側の立場に立ってその意義やあり方を考えないといけないと思いました。そして、参加者の声を聞こうということで、日頃から親しかった居宅介護支援事業所の主任ケアマネージャー数名に、参加した感想やこの会の運営についての率直な意見を聞かせてもらいました。

その際に、「主催している地域包括支援センターの主任ケアマネージャーだけが楽しんでいるように感じる」「参加者の満足度が高くないのは、主催する側（地域包括支援センター所属の主任ケアマネージャー）だけで、その日のゴール（意見交換の到達点）を決めているからではないのか」「毎回の会の運営やテーマの設定などにもっと参加者の意見を反映させてほしい」「お互いに顔が見える関係になることを研究会の目的の一つにしているのならば、毎回自己紹介すべきだし、机の配置も工夫した方がよい」「主催する側にいる地域包括支援センターの主任ケアマネージャーも、参加者と同様にグループの一員となって、議論に参加するべきだと思う」などの意見が出されました。

私たちはこれらの意見を真摯に受け止め、今後の会の運営の仕方などについて再検討しました。具体的には、「初めて参加する人がいるので、最初に必ず全員で自己紹介をする」「通常の会議のような形ではなく、グループごとにお互いにリラックスして近い距離で話ができるように机の配置などを工夫する」「私たちが無理に結論を示したり、まとめようとしたりするのではなく、その時の流れに任せる」「私たちがあらかじめ想定した通りに進まなくても、それはそれで良しとする」「この会は『研修会』ではないので、私たちが講師になってはいけないし、参加者にもそう思われないようにする」「私たちも同じ研究会のメンバーとして、参加者と一緒に学ぶ姿勢を大切にする」などの改善策を実行していきました。何より参加者にとって楽しく、有意義で、次回もまた来ようと思えるような会にしたいと思っていました。

（2）職場を直接訪問して参加を呼びかける

さらに、本研究会への参加の呼びかけについても色々と工夫をしていきました。ケアマネージャーは一般的にはおおむね一カ月前から利用者宅への訪問予定や各種会議の開催予定が入ります。このことに鑑みて、開催日を早めに設定し、遅くても開催日の一カ月前には、案内文書（チラシ）を作成し、参加の呼びかけを行うようにしました（資料2-1）。

私たちが、責任を持って生活圏域の居宅介護支援事業所に案内文書を送るようにしました。あくまでも事業所宛に送ったのは、参加対象の主任ケアマネージャーだけでなく、事業所の管理者や他のケアマネージャーにもこの会のことを知ってもらい、理解してもらうことが大切だと思ったからです。

案内文書はメールやＦＡＸで送信もしましたが、居宅介護支援事業所へ持参して、所属する主任ケアマネージャーに直接参加を呼びかけるなど、開催の周知とともに参加者数の増加に努めてきました。さらにその上で、開催日が近くなれば再度の参加呼びかけをするようにしました。

資料2－1　ある日の研究会のお知らせ

平成27年　3月　吉日

北区居宅介護支援事業所
管理者　様
各介護支援専門員　様

北区地域包括支援センター
主任介護支援専門員専門職会議

第10回　北区居宅介護支援事業所　5年以上の経験者 介護支援専門員による業務研究会のお知らせ

平素は大変お世話になりありがとうございます。

前回の業務研究会におきましては多数のご出席を頂き，ありがとうございました。

今回も空閑先生をお招きし，ケアマネージャーに必要な「かかわり続ける力」をつけることをねらいに学びを深めていきたいと思います。

ご多忙の折，大変恐縮ですが，管理者様には参加できるようご高配を賜り，万障繰り合わせの上，ご参加いただきますようによろしくお願いいたします。

記

日　時：平成27年3月19日（木）午後1時30分～午後3時
場　所：京都市紫野地域包括支援センター　1階会議室
内　容：ケアマネージャーに必要な「かかわり続ける力」に関する研究発表
＊私たちが経験した「ケアマネ交代事例」の分析から，私たちに必要な「力」を見出していきましょう
助　言：空閑浩人 先生
（同志社大学社会学部社会福祉学科教授）

※出欠を確認したいと思いますので，平成27年3月15日までに出欠表にご記入の上，FAXにて返信をお願いいたします。　以上

「あなたに参加してほしい」「あなたの参加を待っています」という気持ちを伝えながら、メールや電話での呼びかけを行いました。どうしても都合で参加できなかった人には、終了後に資料を送付するなどして、本研究会への所属意識をもってもらうようにしました。

(3) 業務時間内の開催など参加しやすい環境を整備する

開催時間については、平日昼間の勤務時間内での開催にこだわりました。夕方以降の時間など勤務時間外での開催では、それぞれ家庭の用事があるなどで、参加しづらく、継続することも難しいと思いました。

もちろん、勤務時間内でも、訪問やその他の業務が忙しく、参加が容易でないことはわかっていましたが、この会への参加を事業所に業務として位置づけてほしいと思いました。案内文書を所属する事業所の管理者宛に送付したのは、本研究会への参加を事業所に業務として認めてもらい、主任ケアマネージャーに「堂々と」この会に参加して頂くための環境づくりのためです。

また、開催月や曜日、開催時間帯などもできるだけ同じにして（たとえば四カ月に一回「第四金曜日の午後」というような感じで）、参加者が早めに予定を立てやすいようにしました。

資料2-2　ある日の研究会のタイムスケジュール

13：30～	開会の挨拶
13：35～	今日の研究会（グループワーク）と流れの説明・各グループ内での自己紹介
13：40～	ワーク①「この研究会で学んだことや活用，実践したいこと」を各自で付箋に書き出す
14：00～	グループごとに，KJ法で模造紙に付箋を貼りながら分類する
14：20～	その模造紙を見ながら各グループで話し合い
14：30～	ワーク②「私がこの研究会に参加する理由」について話し合う
14：40～	ワーク①，②について，各グループから発表
14：50～	空閑Tからコメント，全体のまとめ
15：00～	次回のお知らせ　閉会挨拶

研究会のはじめには、「顔の見える関係づくり」のために、毎回必ず自己紹介をして、名前と顔を一致させるようにしていくことによって、話がしやすい雰囲気作りをしました。このようなことも、気軽に参加できて、また来ようと思える雰囲気づくりにつながったと思います（資料2-2）。

そして、初めての参加者には、これまでの取り組み内容と経過を説明するようにしました。途中からでも参加できる研究会にしたいと思っていたので、せっかく参加してくれた人が「入れない」「ついていけない」と思うことがないように、できるだけ丁寧に説明するようにしました。

また、おおむね四カ月ごとの研究会の開催なので、参加者が前回の内容を忘れていることも多くあります。毎回のワークを始める前に、前回の振り返りを必ずやって、取り組みの継続性をもたせるようにしました。興味を持って参加してもらえるように、とにかく「楽しく、面白い研究会」であることを繰り返し伝えていきました。

そして、グループ分けも工夫しました。四～五人ずつで四つのグループに分けることが多かったのですが、どのグループも活発に意見交換がなされるように、あらかじめ参加申込者の名簿を見ながら、グループのメンバー構成を考えるようにしました。途中からは各グループのメンバーを固定しました。同じグループという仲間意識やグループへの帰属意識が高まって、継続して参加することにつながったと思います。

2　「交流会・研修会」から「テーマを決めた研究会」へ

(1)　自らの体験を「研究」する

第1章にある通り、この会の参加対象者を、途中から主任ケアマネージャーに限定しないで、「経験年数五年以上のケアマネージャー」なら誰でも参加できるように変更しました。それによって参加人数も増えて、毎回安定した人数が集まるようになり、グループでの意見交換も活発になりました。

そのような中で、ある参加者から、「サービス事業所や担当ケアマネージャーを、次々と変える利用者がいて、対応に苦労することがある。『ケアマネージャーが交代する・させられること』について皆で話をしたい」という意見が出されました。また別の参加者からは、「いわゆる『困難事例』にかかわることもあるが、そのような事例について、個人の頑張りだけでなく、ケアマネージャー同士でお互いに支え合っていきたい」という意見も出されました。これらの意見を受けて、私たちは講師の空閑浩人氏（以下、空閑T）を交えて、この会の取り組み内容や運営の仕方について相談しました。

ケアマネージャーには、たとえばコミュニケーションが難しい、あるいは必要なサービスの利用を拒む利用者に対しても、「いかにかかわり続けていくか」という実践力が求められます。そして、この「かかわり続ける力を育むために必要なことや大切なこと」について「研究」しようということになり、このテーマに継続して取り組むことにしました。

空閑Tの助言を基に、次の五つのプロセスを意識しながら毎回の研究会を企画・開催していきました。

① 自らの業務を通して抱く疑問や悩みなどを「問い」として共有する。

② その「問い」からテーマを設定する。
③ テーマに沿った自らの体験を言語化する。
④ 各自により言語化された内容について意見交換、意見の分類や分析を行う。
⑤ 考察を加えて結論を出す。

本研究会は「研修会」ではありません。「誰かの話を聞いて終わり」という会でもありません。そのような機会は他にたくさんあります。同じ地域でケアマネージャーとして働くメンバー間の交流の意義も含みつつ、利用者へのよりよい支援やサービスの提供と住みよい地域づくりのために、継続して行う会です。

空閑Tとの相談の中で、本研究会ならではのこととして、自分たちで何か「共同研究的な取り組み」ができないだろうかと思うようになりました。それも決して学術的なことや難しいことではなく、それぞれが自分のケアマネージャーとしての経験を振り返って、言葉にして、皆で共有して、そこから何か今後に向けた知見や知恵が得られたらよいのではと考えました。そして、「研修ではなく研究をやろう」が、この会の「合い言葉」になりました。それは、ケアマネージャーが利用者や家族、地域に「かかわり続ける力」を育むために必要なことや大切なことを、誰かから与えられる研修ではなく、自分たちの研究によって見出し、獲得し、共有していきたいという思いの表れでした。

(2) 集まる目的の再確認

「研究をする」という会のあり方に沿って、改めて自分たちが集まる目的を再確認しました。参加者同士の交流という意義は大切にしながらも、「何のために、何をしに私たちは集まるのか」ということの明確化です。私たちは「自分の実践を振り返ることによって、気づきや発見を得る」「主任ケアマネージャーの役割を明確にする」「私たち自身のケアマネージャーとしての思いや経験を言語化し、研究することによって、ケアマネージャーを支える言葉を豊かにする」の三つを目的として掲げました。

① 自分の実践の振り返りから気づきや発見を得る

ケアマネージャーはどうしても、必要書類の作成や関係機関との連絡など、日常のさまざまな業務に追われがちです。そのような状況の中で、利用者とのかかわりや支援などの自分が行っている実践を立ち止まって考えたり、振り返ったりする機会がなかなか持てずにいます。しかし、それなしにはケアマネージャーとしての対人援助スキルや実践力が磨かれません。

それぞれの職場と普段の仕事から少し離れて、皆で集まって、他の事業所のケアマネージャーと話をすることで、自分のことを振り返る機会となります。また現在行っている支援についても見直す機会になります。そして、複数のメンバーと協働して振り返りの作業をすることで、たくさんの知恵やヒント、アイデアが得られます。それらは、自らのよりよい支援や仕事の質の向上につながるものとなります。さらに、そのような場での交流や意見交換を通して、仕事のモチベーションの維持や向上にもつながります。

もちろん、一人で支援を振り返り、今後のあり方を考えることは、ケアマネージャーにとって大切な作業です。しかし、自分一人だけの作業ではなかなか得られない気づきや発見もあります。自分の経験や悩みを誰かに語ることで、頭の中が整理されることもあります。メンバーが一人増えれば、ものの見方や考え方も一つ増えます。他のメンバーの話から、自分では思いつかないようなヒントやアイデアを得ることもあります。本研究会をそのような機会や場にしようと思っていました。

②　主任ケアマネージャーの役割の明確化

やはり、本研究会の出発点である、主任ケアマネージャーの役割を明確にするということは意識しながら、会の運営に取り組んでいきたいと思いました。「主任」という肩書から、どうしても管理的立場に立つことがイメージされます。もちろん色々な管理的業務もあるのですが、事業所の職員が働く職場環境を良くすることも、主任ケアマネージャーの大切な役割の一つであると考えます。

ケアマネージャーは、色々な利用者や家族とのかかわり、また関係機関や関係職種との連携によってその業務を行います。時には利用者や家族から心外なことを言われることもあります。また関係機関との連携が上手くいかずに悩むこともあります。「これでよいのだろうか」「あれでよかったのだろうか」と支援のあり方に不安を感じることもあります。

そのような時に、事業所の職員間でお互いに話を聞いてもらえる、またアドバイスし合えるような関係があることが、ケアマネージャーの支えになります。事業所の一員としての職場への帰属意識も高まります。何かあったら職員同士でお互いにいつでも相談できる、安心して働ける職場環境があることが、良い支援やサービス提供に必要なことです。

本研究会では、主任ケアマネージャー同士で、お互いの事業所での職員へのサポートや指導、また、職員間のコミュニケーションや職場の雰囲気づくりなどで工夫している点について情報交換できればと思いました。その中から、主任ケアマネージャーの役割を見出し、さらには事業所全体のチームワークの向上、そしてサービスや支援の質の向上にもつながる糸口が得られると考えました。

③　ケアマネージャーとしての経験の言語化

私たちは、ケアマネージャーとしての思いや悩み、経験を言語化し、研究することによって、ケアマネージャーを支える言葉を豊かにしたいと思いました。

たとえば、ケアマネージャーは、支援における利用者本位や自立支援の理念を基にして、また支援者としての受容、共感や利用者の自己決定の尊重を重視して、支援に臨みます。また面接やコミュニケーション、インテークやアセスメントなどの、ケアマネジメント実践に必要な対人援助技術が色々あり、私たちは色々なテキストやさまざまな研修の機会でそれらを学びます。

しかし、実際の利用者や家族、地域とのかかわりの中で、「この利用者にとっての自立とは何か」「私とは価値観が全く異なる利用者を相手に、どうしたら受容・共感できるのか」「意思の表出が難しい方の自己決定を、どのように尊重するのか」「心を開いてくれない家族とのコミュニケーションは、どうすればよいのか」などの悩みやとまどいを経験します。

そして、このような経験は、相手も人間であり私たちケアマネージャーも人間である以上、当然起こりうる話です。むしろ、私たちはそのような経験を通してこそ、支援における理念や支援者としての姿勢、必要な援助技術などを実践的・経験的に学び、獲得できると考えるのです。それゆえに、悩みやとまどいの経験を、単に支援者としての未熟さや力不足であると評価・否定するのではなく、共にお互いの経験を安心して語り合える場が必要であると考えます。

自分たちの経験を貴重な材料として、共に共有して「研究」することで、ケアマネージャーの仕事を支える言葉を獲得したいと思いました。たとえば、面接や訪問に行くのが辛い時や介護サービス事業所との連携が思い通りにならない時に、背中を押してくれたり、ヒントを与えてくれたり、がんばろうと思えたりする言葉です。それも決して難しい言葉でなく、あくまでも自分たちの経験や実感に寄り添った言葉を、多く見つけたいと思いました。

3　「楽しくて、面白くて、おみやげがもらえる」研究会にする

(1)　事前に「作戦会議」を行う

「かかわり続ける力を育むために必要なことや大切なことは何か」というテーマでの研究を継続して、シリーズで行うことにしてから、開催の一カ月前に必ず前回の振り返りと次回

の打ち合わせ（私たちはこれを「作戦会議」と呼んでいます）をするようにしました。メンバーは、世話役の私たちと空閑Tです。

本研究会は、四カ月に一回開催します。頻繁に開催される会ではないからこそ、一回の研究会を参加者にとって有意義なものにしたいという思いがありました。そしてそのためにも、私たち自身が研究会の連続性や継続性を、毎回の研究会の前にしっかりと確認して共有しておく必要があると思いました。作戦会議では、前回の研究会で出た意見や課題について振返り、整理しながら、次回の研究会にどのように取り入れて、反映させていくかについて相談しました。

参加者に楽しんでもらうために、毎回の研究会では「模造紙」を使ったワークを取り入れるようにしました（写真3-1（九一頁）・写真4-1（一〇八頁）参照）。単に話し合うだけでなく、話し合いの内容を「見える化」することが、話しやすさやグループでの共同作業のしやすさを促進すると思ってのことですが、これについても、事前に作戦会議で打ち合わせをしました。「模造紙をどのように使ったら、楽しく面白くワークや意見交換ができるだろうか」「グループで模造紙を囲んで、どのような議論をしてもらったらよいのだろうか」などについて相談しました。また、事前に私たち世話役のメンバーだけで、模造紙を使っての

「模擬グループワーク」を実際にやってみたこともありました。

このような作戦会議や事前準備は、当日のことを色々とシミュレーションしながら、少しでも楽しく面白い研究会にするための「仕込み」であり、「仕掛けづくり」のための打ち合わせと作業でした。そのような作戦会議も、私たち世話役メンバーにとっては、楽しく面白い時間でした。

一方で、当日の参加者にやってほしいことや、やってもらった方がよいことまで、私たちが先に準備をしすぎることのないように心がけました。すなわち、あらかじめ「仕込みすぎない」ということです。こちらが事前に作業をやりすぎてしまったことで、参加者に「結局のところ答えは何？」「結論を早く教えてほしい」「私の考えは正しいのか間違っているのか」というような気持ちにさせてしまったことがありました。それは言わば、「研修」への受講姿勢ではあっても、「研究」への参加姿勢ではありません。正解やゴールを私たちが提示してしまうことは、参加者の主体性を奪うことにもなることを学びました。

また、思いもよらない方向に話し合いが展開したり、予想外の意見が出たりすることも研究会ならではのことです。そのために私たち世話役メンバーが、無理に結論を導いたり、強引なまとめをしないように心がけました。予定調和的な会ではないからこそ、予想を超えた気づきや発見があって面白いのです。すぐには答えが出ない問いであっても、粘り強く答えを求め続けることが大切なのです。その意味でも参加者を受け身にしてしまってはいけません。あくまでも主役は参加者であり、参加者が主体となって、研究に参加できるということを大切にしました。

（2）参加者に「今日の研究会のおみやげ」があること

参加してくれた人々に、「今日は来てよかった」「次回もまた参加したい」と思ってもらえる研究会であるためには、何かの「おみやげ」が必要だと思いました。その「おみやげ」とは、研究会の場で得られる「学び」や「気づき」、仕事に関する「新たな発見」や「ヒント・アイデア」、そして「明日もがんばろう」と思えるような「元気」や「勇気」のことです。

参加者からは、「自分の思いや悩みを受け止めてもらったことが支えになった」「利用者との関係で悩んでいたがコミュニケーションの知恵や工夫を教えてもらえた」「困っているのは自分だけじゃないと思えて元気が出た」「事例に対する他の人の意見や考えが、とても参考になった」「空閑Tのコメントから自分の視野の狭さに気づいて、事例への見方が広がった」「居心地が良い時間を過ごして気持ちをリフレッシュできた」などの感想を寄せてもらっていました。

毎回、参加者がそれぞれなりに、色々な「おみやげ」をもって帰ってくれていたようです。そして、その「おみやげ」は、参加者の日々の仕事に活かされていきました。たとえば、「利用者本位の考え方が自然とできるようになった」「上手く気持ちを切り替えることができるようになった」「利用者との関係で悩むことが、それほどしんどいことと思わなくなった」「攻撃的な利用者や家族にも、落ち着いて対応できるようになった」「自分に自信がもてなかったが、少しは認められるようになった」「新人ケアマネージャーへのサポートができるほど、自分に余裕がもてるようになった」などの参加者の声から、明らかな変化が読み取れます。このような日々の仕事につながる「おみやげ」が得られる会であることが、自らがこの研究会の一員であるという参加者の所属意識を高めることにもなり、継続しての参加につながったと思います。

そして、そのような場にするためには、お互いに何でも気軽に言い合える「居心地の良い」雰囲気づくりに配慮しました。具体的には、「まずは私たち世話役メンバーが参加者に対して笑顔で挨拶すること」「あらかじめのタイムスケジュールはあるが、グループの状況や話し合いの深まりを優先して臨機応変に進めること」「自由に発言できてお互いの意見が否定されない場としてのグループ運営を大切にすること」などです。そのような雰囲気の中で、参加者が他事業所のケアマネージャーとも自然と、活発に意見交換ができるようになったと思います。

同じ地域で働くケアマネージャー同士であるにもかかわらず、これまでは他の事業所の方と研修等で顔を合わせることはあっても、意見交換の場はほとんどありませんでした。ケアマネージャーが一事業所の中に閉じこもることなく、お互いに開かれること、対話することがいかに大切かを学びました。

また、「私たちが『かかわり続ける力』を育むために必要なことや大切なことは何かを考える」という研究内容は、皆が共有できるテーマであり、参加者同士が事業所を越えて、広く深く考えて話し合うことができたと思います。前述したように、そこから得られた仕事に対する新しい発想や工夫などを、それぞれが「おみやげ」として持ち帰り、ケアマネージャーとしての自らの実践や所属する事業所の仕事に活かしてくれるようになりました。

4　お互いに「フラット」な関係での研究会

本研究会を立ち上げた当初は、居宅介護支援事業所の主任ケアマネージャーと私たちの間に、「上下関係」のようなものがあったように思います。主催する側として有意義な会にしようという思いは良かったのですが、私たちがやや一方的に会の目的や方向性を定めてしまい、結果、参加者からは「地域包括の主任ケアマネージャーは私たちに対して『指導的に』『上から目線で』接してくる」というような印象をもたれてしまいました。

上とか下とかではなく、同じケアマネージャーとしてお互いにフラットな関係で、対等に意見交換ができることが大切だと考え、私たちも参加者と同じように、グループメンバーの一員として、ワークや議論に参加するようにしました。模造紙に付箋を貼ったり、書き込んだりする作業を一緒にするなど、研究の過程を参加者と一緒に味わいながら過ごすことを大切にしました。模造紙のワークが完成して参加者と一緒に味わえる達成感は、私たちにとっても、とても大きな喜びでした。

地域包括支援センターの日常の業務を行いながら、本研究会の打ち合わせのための「作戦会議」の時間の確保や毎回の事前準備は確かに大変でした。しかし、私たちにとっても楽しく、面白い場であるということが、研究会を継続していこう、そのために準備や呼びかけをしようと思えるエネルギーになっていたと思います。私たちが楽しくなければ、参加者に楽しんでもらう会にはなりません。また、私たちだけが楽しんでいるのでは、参加者が次回も来ようと思える会にはなりません。参加者の表情やグループの雰囲気を思い浮かべながら、参加者と一緒に、楽しく面白く有意義な時間にすることを心がけました。

本研究会の打ち合わせや作戦会議と言いながら、時には日頃の仕事に関する雑談の時間や、空閑Tへの相談の時間になることもありました。しかし、そのような自由な雑談の場から本研究会のテーマや進め方のヒントが得られることもありました。そして、本研究会の内容が面白く楽しければ、そのことはきっと、ケアマネージャーの日々の仕事の面白さや楽しさにつながっていくと思いました。私たちが「楽しく面白い研究会にしたい」ということにこだわった理由です。

地域の利用者や家族そして住民の方々にかかわるケアマネージャーの仕事には、確かに大変なことも多いのですが、面白さや魅力もたくさんあります。まだまだ私たちが見つけられていない、この仕事の醍醐味もあると思います。そんなこの仕事ならではの魅力や醍醐味をたくさんみつけて、本研究会で共有して、参加者と一緒に実感したいと思いながら、会の運営に取り組んできました。これからも、以上のようなことを大切にした研究会の運営を心がけながら、自分自身の経験や思いを、お互いの対話を通して言語化する作業を続けていきたいと思っています。

（吉田栄子・空閑浩人）

第3章　なぜ継続して参加するのか
——参加者の声から

本章では、経験年数五年以上のケアマネージャーの会（以下、本研究会）に参加するメンバーが、なぜこの会に参加したのか、参加し続けるのはなぜか、参加することによってどのような「おみやげ」を得ているのかについて、参加者の声を紹介したいと思います。本章は、ある日の本研究会で、グループごとに話し合ってもらった結果をまとめたものです。その時のテーマは、次の三つでした。

① なぜこの会に参加したのか、参加の動機やきっかけなど
② 続けて参加するのはなぜか、また参加したくなる理由は何か
③ この会への参加で何（どのようなおみやげ）を得ているのか

次に紹介するたくさんの声から、本研究会の主役である参加者から見た会の意義や、これからの可能性が読み取れると思います。

1　参加の動機・きっかけ・背景

本研究会は、当然のことながら参加者がいないと成り立ちません。その意味で、「なぜ参加したのか」を参加者に聞くことは、このような研究会を立ち上げ、継続していく上で重要だと思います。また、研究会の内容や運営の仕方で行き詰まった時などにも、これらの声が、会の原点として支えになると思います。本研究会への参加の動機やきっかけについての参加者の意見を整理すると、次の三つに分けることができました。

①　「学習」「情報交換」「振り返り」「相談」のために
②　研究会のテーマに惹かれて
③　研究会という場の魅力に惹かれて

以下、それぞれについての参加者の声を紹介しながら、考察していきたいと思います。

(1)「学習」「情報交換」「振り返り」「相談」のために

① 参加者の声

・主任ケアマネージャーの資格はとったものの、具体的に何をすればよいのかわかりませんでした。しかし、周りからは、指導的・管理的な役割を期待されるなど、自分の力量が周囲の期待に追いつかずに困っていました。

・自分としては「主任ケアマネージャー」の研修を受けただけで、これまでと何も変わらないつもりでいたのですが、周りからは「何でも知っている人」や「仕事ができる人」として見られるようになりました。いつしか事業所内で個人的な悩み事を相談することもできなくなって、私自身が色々質問できる機会がほしいと思っていました。

・もちろん主任ケアマネージャーとして、事業所内などでリーダー的な役割は果たしていかないといけないとは思っていました。でも、まだまだわからないことがたくさんあり、利用者やご家族との関係で悩むこともあり、勉強する場がほしかったです。

・書類の作成その他事務的・管理的な仕事が増えていく忙しさの中で、そんな忙しさを抱える主任ケアマネージャーだからこそ、仕事のことなどを振り返って、気軽に話し合える機会があればと思っていました。

・新人ケアマネージャーの指導や教育をしないといけない立場になって、他の事業所や他の主任ケアマネージャーはどうしているのか、情報交換がしたいと思っていました。またスーパービジョンについても、確かに研修で学びはしたが、実際どうしたらよいのかを相談したいと思っていました。

・ケアマネージャーの仕事には絶対的な正解がありません。支援方法も色々で、判断に迷ったりすることも多くあります。それゆえに他のメンバーから意見を出してもらえるように、自らを相対的に捉えることができるように、お互いの事を考えて尊重し合いながら自然に話し合いができることが大切だと思います。経験者になればなるほど、この研究会のような機会を必然的に求めるのかもしれません。

②　考　察

以上のように、参加の動機やきっかけについては、研修を受講してとりあえず資格はとったものの、主任ケアマネージャーとしての自らの仕事に不安や悩みを覚えていること、またそのような状況の中で、主任ケアマネージャー同士が集まって勉強する場がほしかったという声が多くありました。

多様な利用者や家族とその生活を支える仕事をするケアマネージャーにとって、支援のあり方を、自分一人だけで考えたり検討したりするだけでは、どうしても限界があります。ややもすると一人で悩みを抱え込んでしまって、自信をなくしてしまいかねません。対人援助の仕事に就く者には、同じ仕事をする者同士が、お互いに気軽に話せる場や情報交換や仕事のヒントやアイデアを得る場が必要です。そのような場として、研究会や勉強会を開催することはやはり大切だと思います。

(2) 研究会のテーマに惹かれて

① 参加者の声

・「ケアマネージャーの交代という事例を考える」ことから、「利用者や家族にかかわり続けるために、大切なことや必要なことを考える」というテーマに興味を持って参加しました。こんなテーマなら自由に自分の意見が出せて、他のメンバーの意見からも色々と学ぶことができそうだと思いました。

・利用者や家族との関係やコミュニケーションが上手くいかなかった経験があって、でも、そのことを「思い出したくない出来事」のままで終わらせたくなくて、その経験を前向きに見つめ直すことができるかなと思えるテーマでした。

・経験を積むにつれて、何か「閉塞感」のようなものを感じていました。色々なケースへの対応や他機関との連携など、主任ケアマネージャーとしてやるべきことはもちろんやっているつもりでした。しかし、利用者や家族、地域に対してもっと何かできることがあるのではないかという思いや、知識の習得とか技術の向上だけでは満たされない何かがあると思えて、このテーマで研究することを通して、その「何か」を見つけたいと思いました。

・法律や制度改正の研修会とかではないので、覚えないといけないというプレッシャーもなく、ケアマネージャーなら誰もが身近に感じるテーマで、気軽に意見交換ができそうだと思えました。

・利用者から「ケアマネージャーを交代してくれ」「あなたではなく、別の誰かに代わってほしい」と言われたことがあります。自分にとって辛い経験でしたし、なぜそうなったのか整理できないまま過ごしていました。事業所内では話しにくい内容ということもあり、この研究会が振り返りの機会になると思いました。

・色々な利用者やご家族の方々がいて、中には地域から孤立していたり、支援を拒否される方もいたりします。そのような方にも私たちが「かかわり続けることができる」には、どうしたらよいのかのテーマに興味があって参加したいと思いました。

②　考　察

どのようなテーマを設定するかは、研究会を企画する上で大切なことだと思います。一部の参加者の関心や、特定の参加者だけに関係することではなく、参加者全員が共有できて、自分の意見が出せるようなテーマを設定することが求められます。

本研究会では、利用者からケアマネージャーの交代を求められた参加者の経験から、テーマを設定しました。きっかけは一人の参加者からの話でしたが、実は同じような経験が誰にでもあるということで、「ケアマネージャーの交代」という経験について、みんなで考えようということになりました。

ケアマネージャーは日々、色々な利用者や家族、地域住民にかかわる活動をしています。そのかかわりの中で、色々なことを考え、色々な思いを抱いています。やはり、ケアマネージャーとしての日常にある「経験」が大切で、その中にこそ、ケアマネージャーが学び、研究したいテーマがあると思いました。「自分の経験と他者の経験から学ぶ」という作業をこれからも続けていきたいと思っています。

(3) 研究会という場の魅力に惹かれて

① 参加者の声

・(京都市)北区内だけでの集まりだったので、他の研修会などのような大人数ではないので、アットホームな雰囲気で参加できると思いました。

・世話役をして頂いている地域包括支援センターの主任ケアマネージャーの方々の、この会への思いがとてもよく伝わってきました。そのような熱意に押されて参加したいと思いました。

・「主任ケアマネージャー」に限ることなく、五年以上の経験のあるケアマネージャーの集まりの研究会と知って、それなら主任ケアマネージャーではない自分も参加できて、何か得られるのではと思って、楽しみに参加してみました。

・他の区から事業所ごと引っ越して、この北区に来たところでした。地域のことや介護サービス事業所のことなど何もわかりませんでした。お互いの交流の場という呼びかけがされていたので、他の事業所やケアマネージャーの方々との顔の見える関係づくりをしたいと思って参加しました。

・業務命令での参加でしたが、支援者として現場で働くためのノウハウを蓄積する場が必要と感じていたので、このような場があって良かったです。

②　考　察

私たち地域包括支援センターの主任ケアマネージャー五名（以下、私たち）は、研修会ではなく、研究会という場が持つ魅力を大切にして、呼びかけの際にもそれが伝わるようにと思っていました。参加への最初のきっかけは色々ですが、やはり「堅苦しくなく」「気楽に参加できそう」という雰囲気づくりが大切だと思います。また、「職場や日常の仕事から少しだけ離れて、ちょっと一息ついて」というような意義も、このような研究会にはあると思います。

その意味で、アットホームな雰囲気は確かに大切ですが、そのことが逆に、初めての人が参加しにくいとか、参加者の輪に入れないというようなことになってはいけません。前述したように、私たちも初めて参加された方には、これまでの研究会の取り組みに関する説明はもちろんですが、地域のことやその他の話をしながら、会の雰囲気に早く慣れてもらうような配慮をしました。

ケアマネージャーは、たとえばサービス担当者会議や地域ケア会議など、仕事の中で色々な会議に出席します。本研究会は、そのような他の会議とは違って、参加者が緊張しないで、気楽に参加してもらえるようにとの思いで、呼びかけや案内を行いました。その雰囲気が、創造的な対話を促して、後述するような「おみやげ」をもらえる場となったと思います。

2　続けて参加したくなる理由

本研究会への参加者は、日常の仕事の合間を縫って、スケジュールを調整して参加してくれます。私たちは、「参加して良かった」「また次も来たい」と思ってもらえるような研究会にしたいと思っていました。継続して参加してもらうことで、ケアマネージャー同士、お互いの交流も促進され、普段の仕事の際にも何かあったら相談できる関係やネットワークづくりにつながります。

また、続けて参加してくれるからこそ、一つのテーマにじっくりと継続して取り組むこともできます。そして、毎回の取り組みが積み重なって、研究の面白さや研究成果を実感でき、またそのことが次の参加への動機づけとなっていきます。本研究会に続けて参加する理由は何かについての参加者の意見を整理すると、次の三つに分けることができました。

① 「参加者同士の共通基盤」や「仲間意識」を感じられる
② 運営の仕方や研究会の雰囲気の良さ
③ 「学びや振り返り」そして「自分が支えられる」機会となる

以下、それぞれについての参加者の声を紹介しながら、考察していきたいと思います。

(1)「参加者同士の共通基盤」や「仲間意識」を感じられる

① 参加者の声

・メンバーが全員五年以上の経験があるケアマネージャーだったので、色々とお互いに共通する基盤があり、昔のことなどお互いに言わなくてもわかりあえることもあって、話し合いがしやすかったです。
・ケアマネージャーとしての経験年数が高い集団なので、それぞれが発言した内容についてとても共感することが多く、自分のこともわかってもらえて、仲間意識が高まっていったと思います。

・同じような経験年数で経験もあるだけに、気軽に自由にしゃべれるし、何よりこの研究会では、発言に責任を持たなくてもよいというところが魅力的でした。

・誰もが責められることなく自分の発言を認めてもらえるので、他では言えないような弱音や本音も言えて、そんな言葉にもうなずいてもらえるのが嬉しかったのです。

・経験があるがゆえに人に聞けないこともありますが、そんなことや自分の足りなかったところを、皆と意見交換する中で、静々と人に知られずに気づくことができる機会なのもこの会の良いところです。

・本研究会は、自分の肩書や事業所での役割に関係なく、メンバーの一員として認めてもらえるので、管理職を意識しないで気楽に参加できました。

・この会に参加すると、普段は交流のない事業所やケアマネージャーと深い議論を交わすことになります。お互いの考え方や思いを聞きながら共感し、時にはそれが自分へのアドバイスにもなります。参加を重ねるうちに個人的にも親しくなり、いつの間にか「会のメンバー」の関係から「仲間」になっていました。

・ケアマネージャーが一人だけの事業所や、複数いる事業所もありますが、この研究会では事業所間の垣根を越えて話し合う事ができました。

・研究会そのものに興味を持って参加しているというよりは、同じ経験を持つ仲間との交流をもつことで、日頃思っていることや感じていることを十分に話し合うことができて気分転換になっています。それが参加を続けている理由と本音です。

・グループに分かれての作業を継続してやっていたので、自分が欠席したらグループの他のメンバーに迷惑がかかるという、責任感のようなものがありました。

②　考　察

どのような会でも、参加者がいなければ、その会は継続しません。続けて参加してもらうためには、本研究会が参加者にとって、魅力ある場にならないといけないと思っていました。決して、私たち企画する側の自己満足で終わらせてはいけません。参加者がこの会に何を求めているか、あるいは参加者が話したいことや取り上げてほしいことは何かに耳を傾けながら取り組んできました。

こうして参加者の声を聞くと、それぞれがこの会に色々な意味づけをしながら参加してくれていたことがわかります。「他では言えない弱音や本音が言える」「管理職を意識しないで参加できる」「自分が欠席すると他のメンバーに迷惑がかかる」など、私たちにとっても意

写真3-1　自発的に意見交換を行う研究会参加者

外な参加理由を知ることもできました。参加者それぞれに多様な意味づけがあって良いのだと思います。

本研究会の主役は参加者です。企画する側が、「やってあげている」という思いで運営していれば、その姿勢は必ず参加者に伝わります。この会の初期の頃、参加者が少なかった時、私たちは参加者の声に謙虚に耳を傾けて、運営や呼びかけの仕方を工夫していきました。「参加者ファースト」の姿勢での運営が大切だと思います。

(2) 運営の仕方や研究会の雰囲気の良さ

① 参加者の声

・一回の研究会での完結ではなく、研究

テーマに沿って毎回の内容が連続して積み重なっていくので、一度欠席したらついていけなくなると思って、続けて参加しました。

・世話役の主任ケアマネージャーさんから直接に声をかけられて、「参加せざるを得ない（?）」状況でした。

・研究会の日が近づくと世話役の主任ケアマネージャーの方から参加の誘いの連絡が入ります。誘いの言葉の「吸引力（?）」に、「断れない」の繰り返しで今まで参加を続けています。でも研究会の目指すものがぶれなかったし、一貫した方向性を示してくれていたので、継続して参加しようと思えました。

・業務の都合によりしばらく参加できないこともありましたが、研究会の仲間はそんな私を忘れずにいてくれて、いつでも研究会のお知らせを送ってきてくれました。メールや電話でも誘ってくれたのが嬉しかったです。

・日常業務の中で悩んだ時、ふと「そうだ、研究会に行こう！」と気分転換のつもりで久しぶりに参加してみることがありました。その時に皆さんが温かく迎え入れてくれて、今どのような研究をしていてどこまで進んでいるのかなど、丁寧に説明をしてくれます。

・研究会で取り組んでいる内容を全て理解できているわけではありませんし、今でもよくわからないところもあります。でも、わからないままでも参加を続けていれば、いつか理解できて謎がとけるのではないかと、そんな期待を感じさせてくれる会です。

・日々の業務が忙しい中で、たとえ数時間とはいえ時間を割いてこの会に参加するのは正直大変です。そのような中で、何より「宿題」が無いのはありがたいし、気軽に参加しやすいです。当日も全体の司会や進行、記録といった役割分担もないので、時間を十分に使って深い議論ができるのが魅力です。

・他の研修会や事例検討会と違って、「遊び」や「笑い」の要素があるのが良いです。自由な雰囲気の中で、特にグループワークを通じて意見交換ができる、他の人の意見を聞くことができるのはとても楽しくて貴重な時間です。

・開催頻度が丁度良いということがあります。三〜四カ月に一回程度の開催は業務に差し障りが無く参加しやすいです。でも、次回には前回の内容を忘れてしまうので、事前に前回の資料を読み込み参加するようにしました。

・期間が空くと前回やったことを忘れていることも多いのですが、研究会の最初に前回の説明や振り返りの時間があるので、思い出しながら参加できました。

・利用者と信頼関係を築く時、「共感」や「傾聴」が大切であるのと同じように、ケアマネージャーも業務を行う上で、互いの考え方や思いをしっかりと傾聴し、理解することは必要であると思います。それがこの会にはあります。

②　考　察

ケアマネージャーとしての、日々の仕事の忙しさの中で開催する研究会です。参加者はもちろん、企画する私たちも「無理なく続けられる」会にしたいと思っていました。それには開催頻度をどれくらいにするかということもありますが、その他にも、たとえば事前の課題や提出物がある研修会とは違って、いわば「手ぶらで来られる研究会」や「遊びや笑いの要素がある研究会」にしたいと思っていました。

また、案内する際には、ただ文書を送るだけでなく、直接に声をかけたりメールしたりと、できるだけ個別に呼びかけるようにしました。「参加せざるを得ない」「断れない」というような参加者の声もありますが、自分の参加を待っている人がいるということに対して、嫌な気持ちになる人はいないと思います。やはり、基本は人と人との直接的なつながりだと思います。そこを大切にしたい私たちの思いは、参加者がお互いの意見に「傾聴し合う」という、会の雰囲気にも現れていきました。

(3)「学びや振り返り」そして「自分が支えられる」機会となる

①　参加者の声

・研究会での学びを自分の実践に活かすことができるようになりました。かかわり続けるためには、色々な「○○力」が必要だということもわかり、日頃多忙な業務の中でも「これで良かったかな?」と振り返りができるようになってきました。

・日々の業務を振り返る機会となっています。事例についてグループでの意見交換などをする中で、「こんな見方や考え方があったのか」などと、自分では気づけない視点を得ることもできています。

・自分の悩みや戸惑いなども包み隠さず、オープンにして話せる研究会です。共に学び合う仲間として、法人や事業所の枠を超えて、ざっくばらんに気軽に相談できます。相談した内容に対して、自分の事のように真剣に向き合ってくれます。

・利用者や家族との関係などで気分的に落ち込んだり、かかわりに自信がなくなったりする経験は誰にでもあります。この研究会の仲間はそんな気持ちを共有してくれるだけでなく、そのかかわり方や過程を一緒に振り返って、自らの経験を活かした的確なアドバイスをくれます。自分にとって辛かった「マイナス」の経験も、今後の自分に「プラス」の意味をもつものに変わります。
・違う意見であってもお互いに尊重する雰囲気が好きです。お互いの信頼というか、自分の意見が否定されないで受け止めてもらえるという信頼が、この会にはあると思います。
・「さぁ、今日も始めましょう」とグループのメンバーが笑顔で、その日の作業を始める瞬間が好きです。一つの目標に向かって、メンバーが一つになっている感じが好きで参加を続けています。メンバーとの取り組みが少しずつ形になっていくことが嬉しく、今では「ワクワク・ドキドキ」感すら感じるようになっています。
・皆が「自分たちの言葉を伝えたい」「自分たちの言葉で伝えたい」と、グループごとに資料を集めたり、別の日に集まったり、プレゼンの練習をしたり、楽しく活動していると、自分も楽しくなっていきました。

② 考　察

ケアマネージャーの仕事は、生活のことや介護の事でさまざまな困りごとを抱えた人たちにかかわる仕事です。そこにはどうしても、難しさや悩み、とまどいがつきものです。だからこそ、学ぶ機会や自分の実践を振り返る機会を持つことが大切です。

同時に、ケアマネージャーとしての自分自身が支えられる、自分自身を守ってもらえる機会も必要だと思います。本研究会が、参加者にとってそんな場にもなればと思っていました。上の参加者の声にあるように、「ざっくばらんに相談できる」「辛かった経験がプラスの意味をもつ」「自分の意見が否定されないで受け止めてもらえる」などと、参加者が思えるような場になったことは、私たち企画する者にとっても、とても嬉しいことです。

利用者や家族そして地域に「かかわり続ける」ということは、「学び、考え続ける」ことだと思います。人とその生活を支援する営みに、簡単に答えが出るようなことは中々ありません。対人援助職は、難しいケースに対してもかかわり続けるために、学び続けないといけません。本研究会が、これからも参加者がお互いに色々なことを学び、考え続けられる場、そして生活支援の実践の担い手である参加者を支える場であればと思っています。

3　どのような「おみやげ」を得ているのか

私たちは毎回の研究会で、新たな気づきや発見、これからに向けてのヒントやアイデア、あるいは、単にがんばろうと思えるようなことであっても、何かしらの「おみやげ」を参加者が持って帰れるような研究会にしたいと思ってました。

実際に参加者は、どのような「おみやげ」を得ていたのでしょうか。その声を集めてみました。

①　参加者の声

・模造紙を使ってのグループワークも楽しく、研究テーマに沿って毎回違う課題が出てくるところが面白いです。立場を考えずに発言できる「言いたい放題」だからこそ、面白い視点や考えが出てきていると思います。こんな視点や考えがあったのかと嬉しいおみやげをもらっています。

・所属している事業所が異なり、日頃は話すことの無かった方々もいましたが、この研究会での交流を通して、外でも気軽に声をかけて、仕事のことその他色々な話ができるようになりました。

・担当していたケースで困っていることがありました。ちょうどこの研究会の時に、参加していたケアマネージャーさんが相談に乗ってくれて、社会資源に関する情報を教えて頂き、とても助かったことがあります。

・毎回のグループワークの話し合いを通して、仕事の答えではなく、たくさんのヒントをもらえています。そのヒントを、自分なりに仕事に活かすことができています。

・色々な事例を通して、ケアマネージャーが一人で抱え込まず、よい意味で割り切って関係者や関係機関と共有し、連携・協働していくことの大切さを改めて学んでいます。
・この研究会での素敵なケアマネージャーさんたちとの出会いが、私の何よりのおみやげです。深刻なことや難しいことも、決してふざけるのではなくユーモアを交えてお話される姿に触れて、自分も利用者や家族との会話の中で、そうありたいと心がけています。
・参加メンバーは皆さん、ケアマネージャーとしての豊富な経験を積んだ方々です。経験者同士の話し合いから得られることは、通常の会議や研修会等などで一方的に伝達されるものとは異なります。お互いにさまざまな視点から意見が出されるなど、経験の交換を通じて学べるものが非常に大きいです。
・「かかわり続けるために大切なこと」をテーマにした研究会に参加することで、困難なケースに出会った時でも、今までとは違う見方や受け止め方ができ、どのように対応していったらよいのかを柔軟に考えられるようになりました。
・自分たちが居宅介護支援事業所等のケアマネージャーとして、今まで経験してきた色々な苦労があります。それを単なる苦労として終わらせず、その時に培った経験を思い出して振り返ってみることが、私たちにとってとても大切なことだと学びました。

② 考　察

参加者が「参加して良かった。また来たい」と思える研究会にするには、毎回、参加者にもって帰ってもらう「おみやげ」が必要だと思いました。前述の参加者の声の中にある言葉、たとえば「視点や考え」「交流」「情報」「ヒント」「連携と協働」「ユーモア」「経験の交換」「見方や受け止め方」「苦労を苦労として終わらせない」などの言葉が、具体的な「おみやげ」の中身を表していると思います。

しかし、これらのおみやげは、私たち企画する側があらかじめ用意しておくようなものではありませんし、用意できるものでもありません。当日の参加者同士、グループメンバー同士のお互いのやりとりから、参加者が自分たちで、つくったり、見つけたり、与えたり、もらったりしたものなのです。参加者がその都度自分たちで、色々なおみやげをつくり、持ち帰る。そんな時間を過ごしてもらえることが、企画する私たちにとっても、とても嬉しいことです。もちろん私たちも、毎回の研究会で、たくさんのおみやげをもらっています。

（吉田栄子・空閑浩人）

第Ⅱ部　実践の言語化への取り組み

第4章　「かかわり続ける力」を育みたいという「思い」
――「思い」を「力」にするための実践の言語化

1　研究テーマはこうして設定された――いわゆる「ケアマネ交代」の経験から

(1)「他のケアマネージャーに代わってほしい……」から始まった研究

私たち地域包括支援センターの主任ケアマネージャー五名（以下、私たち）は、「利用者や家族、地域に『かかわり続ける力』とは何か。そしてそれを育むために必要なことや大切なことは何か」ということを、この「経験年数五年以上のケアマネージャーの会」（以下、本研究会）の研究テーマに設定しました。そのきっかけは、一人の居宅介護支援事業所のケアマネージャー（以下、ケアマネとすることもあり）の次の発言でした。

「利用者や家族介護者から、『担当を他のケアマネージャーに代わってほしい』と言われることがある。自分なりに一生懸命にやっているつもりだが、そのような申し出にとても傷ついてしまう。また交代後のケアマネージャーにも負担がかかってしまう。このような『別のケアマネージャーに代わってほしい』と要求される経験は、この仕事をしていたら誰でもどこかで経験するものではないだろうか。このような経験についてみんなで話し合ってみたいし、私自身の経験を振り返ってみたい。」

これを受けて「ケアマネ交代」の経験について、まずは私たちで意見交換をしました。そして、「ケアマネ交代」の経験としては、「利用者本人や家族など介護者の側から、あなたではなく他のケアマネージャーに担当を代わってほしいと要求される」ことと、「ケアマネージャーの側から、この利用者の担当を降りたいとか、誰か他のケアマネージャーに代わってほしいと希望する」ことの二つがあるのではないかと考えました。

そして、この二つのケースについて、参加者それぞれが経験した事例を出し合って話し合ってみようということになりました。

(2) 担当交代するしかないのか

その際に、単に交代がダメだったとか、交代して良かったとかの評価をするだけでは意味がないと考えました。それは、自分がその利用者の担当を降りたとしても、その利用者がその地域での生活を続けるのであれば、誰かが担当ケアマネージャーになるわけで、「あとは自分には関係ない」ということにはならないのではないかと考えたからです。

また、利用者側から交代を要求されることや、ケアマネージャー側から交代を希望することは、ケアマネージャーとして必要なコミュニケーション力や実践力が不十分であることを示しているのではないかとも考えました。

そのような理由から、「ケアマネ交代」の経験を、一人のケアマネージャーの個人的な経験で終わらせてはいけないと思いました。その経験を振り返り、お互いに共有して、そこから何を学ぶか、どのような力やスキルが必要とされていて、それをどのように育むのかを考えることが大切だと思いました。

「利用者から担当を別の人に代わってほしいと言われて交代したが、それで本当に良かったのだろうか。交代を申し出られた時にすぐ代わるのではなく、別の受け止め方はなかっただろうか」ということや、「この利用者の担当を代わりたいと希望して、別の方に交代してもらったが、それで良かったのだろうか。もう少し粘り強くかかわれなかったのだろうか」、さらに、「交代せざるを得ない状況の中でも、その際に利用者に対して、また次の担当ケアマネージャーへの引き継ぎなどで、留意しておくことはないだろうか」ということを話し合いたいと思いました。

(3)「かかわり続ける力」を育むこと

色々な利用者や家族にかかわるケアマネージャーにとって、利用者や家族との信頼関係が、いつもつくれるとは限りません。相手になかなか心を開いてもらえない時もあります。訪問を拒否されることもあります。利用者や家族の言葉に傷つくこともあります。

ケアマネージャーも一人の人間です。相手との相性もあります。自分の年齢や性別、また家族構成や育ってきた環境などが、利用者や家族とのコミュニケーションに影響を与えないとは言えません。たとえば、利用者や家族の考え方や価値観、生活様式などが、どうしても受け入れられないこともあるかもしれません。しかし、それでもケアマネージャーは対人援助の専門職として、利用者や家族に「かかわり続けること」が求められます。

前述したような「ケアマネ交代」の事例や経験を通して、「利用者や家族、地域にかかわり続ける力」について、皆で継続して考えていこうということになりました。

2　研究会の経過——何についてどのように取り組んできたのか

(1)「ケアマネ交代」の経験を振り返る——それは多くのケアマネージャーが経験していた出来事だった

まず取り組んだのは、自分たちの「ケアマネ交代」の経験や事例を振り返ってみるということでした。前述したように、「ケアマネ交代」の経験としては、「利用者や介護者の側から担当を代わってほしいと要求される」ことと、「ケアマネージャーの側から担当を降りたいとか他のケアマネージャーに代わってほしいと希望する」ことの二つがあると考えました。さらに、それぞれについて、結果的に「交代した（担当を降りた）場合」と「交代しなかった（担当を降りなかった）場合」との二つがあると考えました。

そこから、「ケアマネ交代」の経験は、次のように分類できるのではと考えたのです。まずはこの分類に沿って、参加者各自の経験や事例を思い出して、付箋に書き出してもらうことにしました。

Ａ：利用者・介護者の側から担当ケアマネージャーの交代を要求された事例で、
　結果的に交代した事例（Ａ－１）と交代しなかった事例（Ａ－２）
Ｂ：ケアマネージャーの側から担当交代を希望した事例で、
　結果的に交代した事例（Ｂ－１）と交代しなかった事例（Ｂ－２）

この、①Ａ－１、②Ａ－２、③Ｂ－１、④Ｂ－２とラベル付けをした分類で、これからの研究会を進めることにしました。参加者が五～六人ずつのグループに分かれて、まずはこの分類に沿って、それぞれ自分の「ケアマネ交代」の経験について、付箋に書いてもらう作業をしました。「それはどのような事例や状況だったのか」「利用者に何と言われたのか」「なぜ担当を降りたいと思ったのか」などを書いてもらいました。結果的に交代した事例と交代しなかった事例との両方を、できるだけ多く思い出してもらうようにしました。

そして、模造紙に示されたＡ－１、Ａ－２、Ｂ－１、Ｂ－２の該当するスペースに、自分が書いた付箋を分類しながら、貼ってもらうようにしました。ＡとＢとで付箋の色を変えるなど、模造紙全体が見やすくなる工夫もしました。

一通り出揃ったところで、グループの中で、各自の経験や事例をお互いに発表しました。

写真 4-1　KJ 法で多様な意見を整理する参加者

付箋で書いた内容について、一人ずつ順番に紹介してもらいました。以下はその際に参加者が発表した経験や事例の内容です。

① 交代を要求されて結果的に交代した事例（A―1事例）

・「ケアマネージャーとしての質が悪い」と何度もクレームを言われた。
・利用者がペットを飼っている関係で、ペットを看てもらっている獣医から知り合いのケアマネージャーへの連絡を依頼したようで、翌日には他の事業所のケアマネージャーが訪問していて、「この人にお願いするから」と言われた。
・「所長とかの管理者に代わってほしい」と言われた。
・利用者がとても怒りっぽい方で、一方的に「交代しろ」と言われた。

・「あなたの血液型が気に入らないから代わってくれ」と言われた。
・サービス利用が介護保険の上限額オーバーになるため、他のサービス変更を提案したが受け入れられず、他の人に代わってと言われた。
・こちらが提案したサービスの内容について不満に思われたことから、交代の希望を申し出られた。
・相手からすれば、サービスや契約内容についてのこちらの説明や確認が不十分だったようで、交代を求められた。
・「あなたとは相性が悪い」と言われた。
・訪問の約束時間に少し遅れたことを理由に、代わってくれと言われた。
・ホームヘルパーの援助内容に納得していただけず、交代を求められた。
・本人の意向を尊重して導入したサービスだったが、結果的に家族の希望とは違うということで、交代を要求された。
・「女性のケアマネージャーに代わってほしい」と言われた。
・ホームヘルパーの派遣事業所が気に入らず、事業所の変更とともに同事業所のケアマネージャーに交代させられた。

・「ケアプランだけ作ってくれたらあとはいい」と言われた。
・「あなたの方言（関西弁）が嫌い」と言われた。
・事業所に併設されている特別養護老人ホームへの入所がかなわなかったのだが、それと同時に交代を要求された。
・初回訪問の日時調整のために連絡したが、いきなり「あなたとは合わないから別の人に代わってほしい」と言われた。
・デイサービスの事業所が、担当ケアマネージャーに相談なく利用回数を増やして、結果、居宅介護支援事業所ごと担当を代えられた。
・私で担当ケアマネージャー四人目ということだったが、結局サービス内容や利用に関する説明について「言った、言わない」「聞いた、聞いてない」で関係がぎくしゃくして、納得してもらえないままに交代を求められた。

② 交代を要求されて結果的に交代しなかった事例（A—2事例）

・「あなたは口がうまい。他の人に代わってほしい」と言われたが、代わらず担当を続けている。
・「制度に関する説明や情報が不十分なので、他の人に代わってほしい」という家族からの不満と要望があったが、それでも代わらずに担当を続けながら、説明する時などはできるだけ相手の立場に立って丁寧にすることを心がけた。

・担当している利用者から、介護保険の情報提供の仕方についての苦情が寄せられ、担当交代を要求されたが、自分が納得するまで動きたいと思い、担当を続けた。

・利用者から「話が合わない」「気に入らない」と言われたが、「私は利用者さんが好きです」と言って、交代せずに頑張った。

③ 交代を希望して結果的に交代した事例（B—1事例）

・所属している事業所のケアマネージャーの人数削減があり、やむを得ず交代を申し出て、別の事業所のケアマネージャーに担当してもらっている。

・苦情の多い利用者で、三年間かかわってきたが、どうしても良好な関係が保持できず、このままでは双方にとってよくないと思い、自分から交代を申し出た。

・とても難しい事例であり、自分には荷が重すぎると思っていた。利用者からもケアマネージャー交代の要望があった。

・家族から「あなたには会わない」と言われ、「家に来てもハンコだけ押します」と言われた。そのような状態で担当を続けるのは難しく、自分から交代を申し出た。

・訪問拒否のためアセスメントできない状態が続いたので、担当を代わった方がよいと思い、自分から申し出た。
・訪問介護を利用している方の担当であったが、その訪問介護事業所と連携しやすい併設の居宅介護支援事業所のケアマネージャーに担当を交代した。
・利用者が男性ケアマネージャーを望んでいたので、交代を申し出た。

④ 交代を希望して結果的に交代しなかった（できなかった）事例（B—2事例）

・利用者から無理なサービス利用を言われ続けたことが理由で、交代したいと申し出たが、かなわずに現在もかかわり続けている。
・家族が精神疾患を抱えており、コミュニケーションがとりにくい。対応に慣れたケアマネージャーに代わった方がよいと思ったが、そのまま継続している。
・家族が本人の病気を理解せず、こちらの提案を受け入れてくれない。自分たちの思い通りのサービス利用にしたいならとマイケアプランを勧めるがそれも拒否されて、担当を続けている。
・過剰にサービスの利用を希望する利用者に対して、担当ケアマネージャー交代を申し出たが、結局受け入れてもらえないまま担当を続けている。

・利用者の夫から手紙を渡されたが、私的な誘いの内容だったので「困る」と伝えた。交代した方がよいかと思ったが、きっかけがなく現在も担当を続けている。

・家族間の意見の違いをなかなか調整できず、ケアマネージャーとしての力量不足を痛感することがあった。家族それぞれの気持ちに合うケアマネージャーが、私でなく他にいるのではと思って交代を申し出たがかなわず、そのまま続けて担当している。

そして、次回の研究会からは、この四つに分類された経験や事例について、順番に詳しく振り返りながら、内容の分析・考察、及び私たちがそれらの経験や事例から何を学ぶかについて、意見交換を重ねていきました。その作業を通して、研究テーマである「利用者や家族、地域に『かかわり続ける力』とは何か。そしてそれを育むために必要なことや大切なことは何か」の答えを見出していこうと考えました。

(2) 交代を要求されて結果的に交代した事例（A―1事例）の分析と議論

四つの分類のうち、まずは、利用者や介護者の側から担当ケアマネージャーの交代を求められて、交代した事例（A－1事例）についての検討を行いました。

「利用者からの担当ケアマネージャー交代要求が出た時に、多少なりとも心外だったり、傷ついたりするが、結果的に後任のケアマネージャーを紹介して終わらせていることが多くある」という参加者の声がありました。また、「ケアマネージャーが交代することは、少なからず利用者本人や介護をしている家族にとってもリスクがあるはずなのに、別のケアマネージャーに担当を交代したままで、振り返る機会がないのは課題ではないか」という声もありました。

まずは、それぞれの付箋に書かれた事例や経験の詳細について、グループメンバーから詳しく説明してもらいました。その上で、なぜ交代を要求されたのか、交代要求の本当の理由は何か、その背後にある利用者や家族の思いはどのようなものか、結果的に交代したがそれでよかったのか、そしてその事例から私たちは何を学ぶのかなどについて、自由に話し合いました。その際に、私たちが各グループに入って、ファシリテーターの役を担いました。またメンバーの一人に記録係になってもらい、メンバーの意見を模造紙に記録してもらいました。以下では、各グループで出された意見を、①交代事例についての問い・課題は何か、②事例・経験から得られる気づき（分析や考察）は何か、③ケアマネージャーが学ぶべきこと・必要なことは何か、の三つに整理して紹介します。

① 交代事例についての問い・課題は何か
――なぜ交代を希望されたのか、その本当の理由を考えることが必要

・交代要求の理由をきちんと利用者に確認したか。
・ただ利用者に言われたからではなく、振り返って、考えたり悩んだりした上での交代の決断だったか。
・なぜ、すぐに交代してしまったのか。もう少し粘り強くかかわって、その背景にある理由を考えてもよかったのではないか。
・利用者が言いやすい理由で担当を断られていないか。
・本当の理由が別にあるのではないか。
・ケアマネ自身の力量不足や対応力不足の課題もある。
・ケアプランについての不満があったのではないか。
・一人で判断しないで所属事業所で検討したか。
・すぐに交代しないで、しばらくはこのまま担当を続けることを考えてみたか。
・人間である以上、やはり相性、フィーリングの問題は避けて通れないのではないか。
・利用者側の課題もあるのではないか。

②　事例・経験から得られる気づき（分析や考察）は何か
——振り返りとリアルニーズの追求

・「腰を据えて」受け止める。
・ケアマネージャーとしての質向上やチーム力の向上を検討する。
・法人や事業所の枠を超えた仲間をつくる。
・「利用者本人へ寄り添おうとする態度」が伝わっているかどうかを振り返る。
・利用者からの訴えについて多面的に捉える。
・アセスメントの不十分さを検討する。
・「傾聴」の姿勢ができているかどうかを振り返ってみる。
・相性を理由にされている場合は、その背景にある（本当の？）理由を探る。
・相談援助技術（アセスメント力・関係づくり）の向上に努める。
・担当を代わった後も自分の援助を振り返り「気づき」につなげる。
・確かに動揺してしまいがちな経験だが、冷静に対応する。

③　ケアマネージャーが学ぶべきこと・必要なことは何か
――周囲にアドバイスを求める

・ケアマネージャー一人ひとりが対応力を付ける。
・事業所の中での事例検討会や分析を行う。
・支援者としての質を高めるために、自分に何が足りないのか、相手が何を求めているのかを振り返って考える。
・利用者が抱えている課題を受け止めて、言動の背景にあるものを探る。
・一人で抱え込まない。
・困ったことを自分だけの悩みにしないで、必ず誰かに相談して共有する。
・事業所を超えて、相談相手を持つ。
・経験に頼りすぎずに、同僚やケアマネージャー仲間からのアドバイスをもらう。
・行き詰まった時は支援を巻き戻してみる等、柔軟性をもったかかわりや支援を心がける。

この日の意見交換から、ケアマネージャーとして、自分に足りないものは何かを見つめ直すことや、利用者が何を求めているかを立ち止まって考えることが大切ということが共有されました。私たちは難しいケースに遭遇した時に、つい肩に力が入ってしまいがちですが、いったん立ち止まって、支援の過程を少し「巻き戻してみる」ことも必要です。

また、利用者からの交代要求に対応するためには、ケアマネージャー個人だけでなく、やはり事業所としての対応力の向上を目指す必要があるという意見も出されました。

ケアマネージャーも人間です。利用者や家族から「担当を代わってほしい」と言われることは、やはり辛い体験です。しかし、その体験から学ぶことはたくさんあります。「辛いだけで終わらせない」ことが大切だということが共有できました。

傾聴の姿勢やアセスメントは十分だったたか、本人や家族に寄り添う態度であったかどうかなど自らのかかわりを振り返ること、相手がなぜそう訴えるのかを検討すること、本当の理由は何かを探ってみること、個人だけで抱えずに事業所全体で対応すること、一人で抱え込まないこと、仲間のアドバイス・支えが必要であること、自分の経験に頼りすぎず、色々な意見を聞くことなど、どれも支援者として大切なことです。

自分たちの経験を振り返ることから、たくさんの気づきを得ることができました。

(3)「傾聴・かかわり・関係機関との連携」を継続できた事例（A—2事例）

次の研究会では、利用者や介護者から担当ケアマネージャーの交代を求められたが、交代しなかった事例（A—2事例）についての検討を行いました。

利用者からの担当ケアマネージャー交代の要求があったにもかかわらず、交代することなく担当し続けた理由は何か、その時に何か工夫したことはあったか、担当を降りずに「かかわり続ける」ことを支えたものは何か、などについて検討しました。

検討の仕方として、参加者から出された次の三つの事例を取り上げ、三つのグループに分かれて、それぞれの事例を中心に自由に話し合いました。

①　嫌われたって傾聴し続けた！（事例①）

ケアマネージャーになって一年目に担当した事例でした。利用者の次男の妻（Aさん）が主たる介護者でした。次男は単身赴任中でした。利用者の介護はもちろんですが、長男の借金の問題などもあり、それらのこともAさんがすべて一人で対応していました。利用者本人は新人ケアマネージャーである私を受け入れてくれましたが、Aさんはそうではなく、訪問の度に嫌味を言われ、別の人に代わってほしいとも言われました。しかし、Aさんのそのような態度は、自分に降りかかる色々なことへのやり場のない怒りやストレスの現れではないかと思いました。私は、まずはAさんの思いや苦しみをしっかり傾聴して、受け止めることを心がけました。そして事業所の同僚にも相談しながら、Aさん宅への訪問を続けました。担当して一年半が経った頃、利用者本人が施設へ入所することになりました。自宅での介護から解放されたAさんは、私にお礼の挨拶をするために事業所に来てくださいました。

②　好き好き大作戦!?（事例②）

他事業所から私が所属する事業所へ移管された事例でした。利用者は要介護5の女性です。娘（Bさん）は医師ですが、私が訪問すると二階から顔を出すだけで、面と向かっての話をしてくれず、社会性や協調性が乏しい印象でした。Bさんは「昼間は仕事が忙しいから」という理由で、深夜にしかも緊急でもないのに、事業所に電話をかけてきては長話をすることがありました。また、たとえばホームヘルパーを家政婦扱いするなど色々な要求をするので、制度上できないことはできないと何度説明してもわかってもらえませんでした。利用者本人は、そんな娘のBさんの事を申し訳ないと言って私に謝ってくれていました。Bさんは私に対して「担当を降りてくれていいから、次の担当を探して」と言っていました。私は、Bさんと同じように私も利用者本人が好きなことや、Bさん親子の味方であることを伝え続けて、担当を継続しました。その後、利用者本人が自宅で亡くなって支援が終了しました。「ケアマネ交代」のことを言われましたが、この事例は他の人に任せずに自分がやらねばという思い、また自分が最後まで担当したいという思いがありました。事業所の仲間の支えもあって、担当し続けることができました。

③　役所との連携がかかわり続けることにつながった！（事例③）

八〇代の夫婦と息子（Cさん）の三人暮らしの事例でした。妻が利用者で、夫が主たる介護者でした。Cさんの職場は自宅から近いので、日中に度々自宅に戻っている様子でした。Cさんは父の介護負担を軽減してあげたいということで、洗濯や掃除の家事援助を希望されましたが、同居家族がいる場合は派遣できないということを伝えました。後日、Cさんから他区の地域包括支援センターに電話したところ「同居家族がいても派遣可能と聞いた」と怒りの電話がありました。その後、区役所に行かれ「納得できないので、担当を代えてくれ」とのことでした。私は、Cさんと一緒に介護保険課に行き、課長さんより同居家族の訪問介護の取り扱いについて、説明していただきました。説明を聞いたCさんは、ホームヘルパーが利用できないことを納得されました。Cさんに対しては、私の話を信じてもらえないと思っていましたが、やっと納得してくれたと思います。利用者である妻を介護する夫に対しても傾聴の姿勢を心がけるなど、私なりにできることを、これまでやってきました。最近では、

Cさんの方から私に対して色々と話をしてくれるようになりました。

(4) 交代を要求されたが結果的に交代しなかった事例(A―2事例)の分析と議論

前項の三つの事例を中心にした話し合いの内容について、①交代事例についての問い・課題は何か、②事例・経験から得られる気づき(分析や考察)は何か、③ケアマネージャーが学ぶべきこと・必要なことは何か、の三つに整理して紹介します。

① 交代事例についての問い・課題は何か

・ケアマネージャーとして困った時は、色々な「工夫」をして対応をすることが大切。
・事業所に相談相手がいることはとても大切。
・家族からは拒否されても、利用者本人が受け入れてくれることが支えとなることがある。
・ケアマネージャーとしての「信念」や専門職としての「プロ意識」は大切ではないか。
・利用者や家族を変えようとするのではなく、まずはケアマネージャーである私が変わろうとすることが必要。
・やはりまずは相手の話を聴くこと、すなわち「傾聴」の大切さをもっと共有するべきである。
・利用者や家族に「寄り添う姿勢」を継続するにはどうしたらよいのか。

・利用者や家族と同じ方向を向いているかを自らに問う。
・家族を含めた支援を考えないといけない。
・交代を要求されても、まずは相手を否定しないで受容するという覚悟が必要。
・「私は何があっても交代しない」のではなく、あくまでも利用者の利益を考えながらの交代はありだと思う。このことはスーパービジョンの役割でもある。

② 事例・経験から得られる気づき（分析や考察）は何か

・ケアマネージャーとしての自分の「しんどさ」が出せることが必要。
・同僚などの他のケアマネージャーの「しんどさ」を受け止めることができているか。
・利用者や家族の状況に対するアセスメントの重要性。
・色々な利用者や家族に対するコミュニケーションの重要性。
・理不尽な要求をする利用者に対する冷静な対応と粘り強いかかわり。
・ケアマネージャーは専門職であるという「プロ意識」を持ち続けること。
・決して「一人で抱え込まない」こと。
・利用者や家族について興味を持って、知ろうとすることの大切さ。
・ケースとの距離感も大切。自らのかかわりを引いて見ること。俯瞰すること。

・「交代要求」を良い意味で、利用者や家族からの「アクション」や「問いかけ」と捉える。

③　ケアマネージャーが学ぶべきこと・必要なことは何か

・やはり事例の振り返りとそこから得られる気づきは大切。
・たとえケアマネージャーに対して否定的なものであっても、利用者本人や家族の思いや訴えを受け止める、受容する力が必要。
・ケアマネージャー個人だけでなく、そのケアマネージャーを支えることも含めた事業所としての力やチーム力が問われる。
・ケアマネージャーとしての質の向上のための取り組みは継続して必要。
・冷静な対応力を磨くこと。
・いわゆる「困難事例」に対して、それを良い意味で、楽しむ視点も大切ではないか。
・支援する側の「余裕」が必要。
・利用者の言動に振り回されないぶれない視点、または振り回されるだけでは終わらないしなやかさも必要。
・利用者からの「交代要求」はケアマネにとって傷つき体験であるので、気持ちの部分でのサポートが大切。

A－1、A－2事例の両方に言えることですが、利用者や家族からの担当ケアマネージャー交代の要求は、当事者であるケアマネージャーにとっては、確かに「心を折られる」ような体験となります。「利用者や家族に嫌われたくない、好かれたい」と思うのは、ケアマネージャーとしても自然なことです。

しかし、この交代要求を、たとえば自分に対する「拒否」「嫌悪感」「解雇通知（!?）」と受け止めるか、それとも利用者や家族からの一つの「アクション」や「問いかけ」と受け止めるかの違いで、その後の状況が変わってくるのではないかという意見が出されました。利用者や家族に近づきすぎず、一定の距離を保つことで、状況を冷静に見ることができます。「知るためには、離れなければならないこともある」ということを学びました。

事例①については、ケアマネージャーの我慢強さが家族の心を変えたという意見もありました。そして、その我慢強さを支えたのは事業所メンバーのチーム力でした。「一人で抱え込まない」ことは、私たちにはとても大切なことです。

事例②については、利用者本人がケアマネージャーを受け入れてくれていたことが大きかったという意見が出されました。「ご本人のことを大切に思う気持ちは、ケアマネージャーである私も一緒です」と家族に伝えたことは大切なコミュニケーションだったと思います。

そして他の事例にも共通しますが、自分の悩みやしんどさを聞いてもらえる事業所の仲間の存在が、たとえ交代を要求されても、かかわり続けることを支えてくれました。

事例③については、自分が対人援助の「専門職」「プロフェッショナル」であるという意識を持って利用者や家族にかかわることが大切であるという意見が出されました。ケアマネージャーの私が降りてしまったら、この利用者や家族の生活の安定は保てない。だからこそ、私のかかわりから、行政やその他への支援の輪を広げて、色々な人がこの家族にかかわるようにしたという実践は良かったと言えます。

この日の研究会では、かかわり続けるために大切なこととして、「利用者本人を思う気持ちを言葉にして伝える」ということを学びました。ケアマネージャーとしての利用者や家族への「思い」を伝えるためには、根気よくかかわることやコミュニケーションの「粘り強さ」も大切であると思えた研究会でした。

(5) 交代を希望して結果的に交代した事例（B―1事例）

次に、A‐1、A‐2の事例のように、利用者や家族など介護者の側からの担当ケアマネージャーの交代要求ではなく、ケアマネージャーの側から担当交代を希望したケースについての検討を行いました。最初に、「ケアマネージャーの側から担当交代を希望して、結果的に交代したケース（B-1事例）」についての検討を行いました。

その際に、私たちが心がけたことは、担当を交代したいと思うことや交代したことなどに対して、単に「良かったのかダメだったのか」「マルかバツか」での評価ではなくて、その経験から私たちに必要なことを学ぼうという姿勢の共有でした。

それは、ケアマネージャーの仕事が人間関係からなる仕事であって、ケアマネージャーもまた一人の人間である以上、どのような利用者にも同じように信頼関係を得ることはできないということを認める必要があると思ったからです。そして、それを認めた上で、やはりケアマネージャーとして、色々な利用者と信頼関係を築くためのコミュニケーション力を磨く必要があると思ったからです。

それには、「担当を交代したいと思う」あるいは「交代せざるを得なかった」自分自身の経験を、それをそれとして、否定しないあるいは否定されない場の中で振り返ることが大切だと考えました。その振り返りから、利用者や家族との関係を築くために必要なことが得られると考えたのです。

「利用者の担当を降りたい」と思った経験は、人によっては、「あまり思い出したくない」

もしくは「人には言いたくない」経験なのかもしれません。しかし、私たちは、そのような経験も、お互いに言い合える、そして受け止められるような研究会にしたいという思いを伝えてきました。

その時の話し合いでは、最初に、「B－1事例」の経験があるというメンバーから、具体的にその事例や経験を出してもらいました。

①　出されたケースの概要と研究方法

B－1事例として出されたものは、次の七つです。

①　事業所のケアマネージャーの人数が削減されたことで、いくつかの担当ケースについては交代せざるを得なかった。

②　事業所や私に対する苦情がとても多い方で、これ以上担当を続けるのは、私自身が精神的に無理だと思ったので交代を希望した。

③　虐待関連の難しいケースで、私には担当できるだけの力がないと思っていたのと、先方からも交代の要求があったので交代を希望した。

④　利用者の家族から「あなたにはもう会いたくない」と言われたので、私も交代した

いと思って希望した。

⑤　こちらの訪問を拒否される方で、アセスメントもできないままだったので、私ではこの方の担当は難しいと思って交代を希望した。

⑥　利用者が利用している介護サービス事業所に併設の居宅介護支援事業所のケアマネージャーから、こちらで担当しますと申し出られたので、交代希望を出した。

⑦　利用者（女性）が男性ケアマネージャーを望んでいたのはわかっていたので、自分から交代を希望した。

このケースを通して、「ケアマネージャー個人の力（個人力）と事業所職員や関係者とのチームの力（チーム力）を高めるために必要なこと」について、グループに分かれて話し合いました。話し合いに際して、模造紙のフォーマットを各グループに用意しました（資料4－1参照）。

模造紙には、「四つの象限」すなわち、「個人力・チーム力とも高く、目標としたい場所（右上：第1象限）」「個人力は低いが、チーム力は高い（左上：第2象限）」「個人力・チーム力とも低く、回避したい場所（左下：第3象限）」「個人力は高いが、チーム力は低い（右下：第

資料4－1　研究会で使用した模造紙のフォーマット

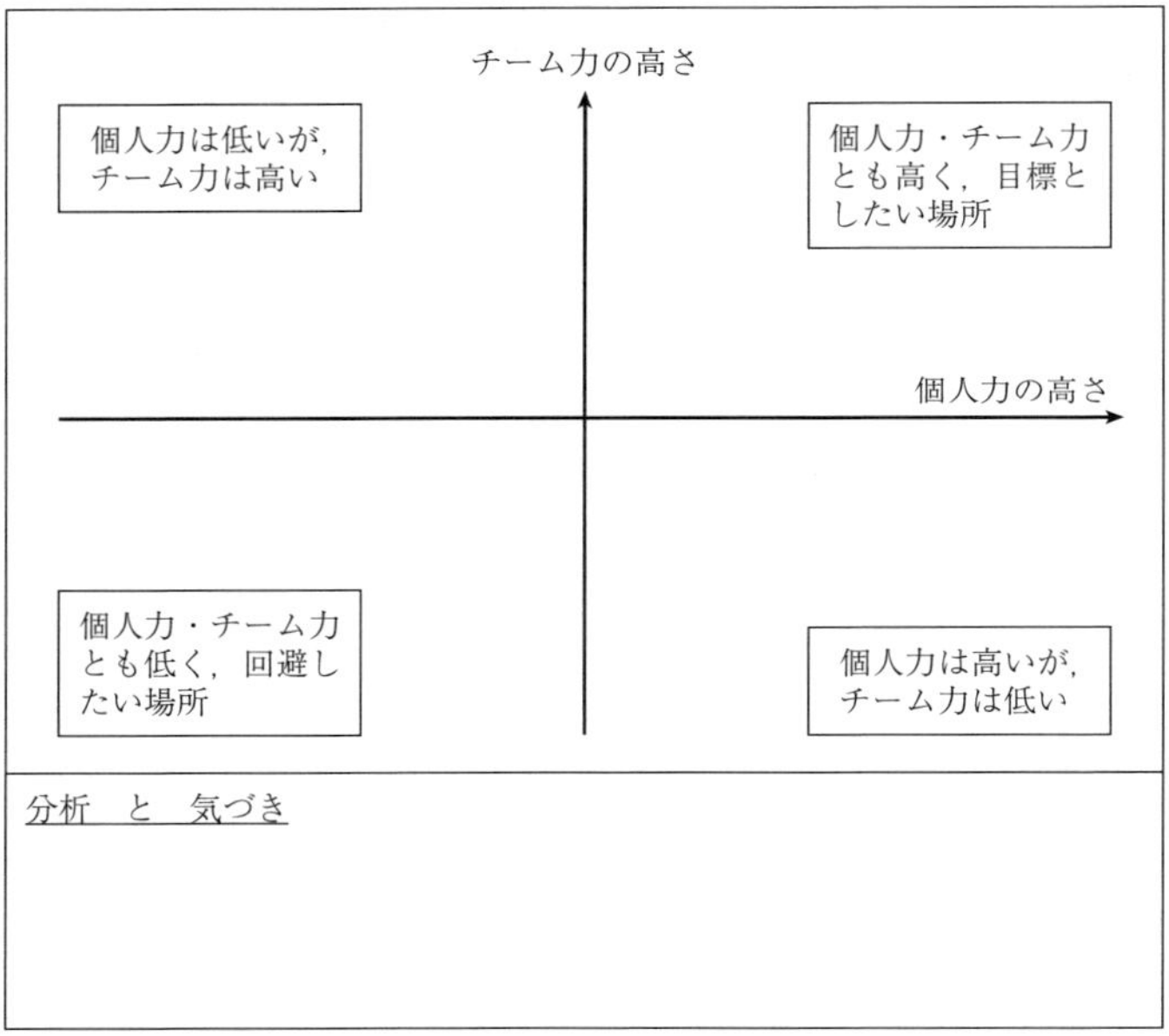

4象限）」を設定しました。

つまり、ケアマネージャーとして目指したいのは、右上の第1象限であり、反対に避けないといけないのは、左下の第3象限ということになります。

そして、この観点から、先程の①～⑦のＢ－1事例のそれぞれが、まずは第2・3・4象限の中でどのあたりに位置づけられるか（すなわち個人力の高低やチーム力の高低の評価）を考えて、その場所に付箋を貼っていきました。その上で、それぞれの事例に対応できる個人力とチーム力を高めるため必要なことの検討をして、どうすれば右上の「個人力・チーム力とも高く、目標としたい場所」に移動できるか、そのためには（すなわち個人力、チーム力を高めるためには）何が必要かについて話し合いました。

グループで考えながら、そして出された意見を模造紙に書き込みながらの話し合いだったので、参加者も話し合いに集中できて、グループ全体の凝集性を高めることにもつながったと思います。私たちも、各グループにファシリテーターとして加わりましたが、自由に意見が言い合えて、どの意見やアイデアも否定されずに受け止められる雰囲気づくりを心掛けていました。次に話し合いの内容について紹介します。

② 個人力・チーム力を高めるために必要なこと

ケアマネージャーは、日々さまざまなケースに出会います。その中には、一筋縄ではいかない難しいケースもあります。たとえそのようなケースであっても、専門職として「かかわり続ける」ためには、個人力とチーム力の両方を高めていく必要があります。

「ケアマネージャーの側から担当交代を希望して、結果的に交代したケース（B－1事例）」を通しての話し合いの中で出た意見をまとめたものが、表4－1です。

事例の概要	事例に対する「個人力」を高めるために必要なこと	事例に対する「チーム力」を高めるために必要なこと
⑥　利用者が利用している介護サービス事業所に併設の居宅介護支援事業所のケアマネージャーから，こちらで担当しますと申し出られたので，交代希望を出した	・それが結果的に利用者にとってプラスになるようであれば「良し」とする ・利用者の気持ちに寄り添う姿勢は忘れない ・大切なのは自分のプライドではなく利用者の笑顔だと思って割り切る	・事業所間のこととして管理者同士で話し合う ・担当交代で終わらせずに，事業所間の連携強化のきっかけにする
⑦　利用者（女性）が男性ケアマネージャーを望んでいたのはわかっていたので，自分から交代を希望した	・何を求めているのかを考えて分析する ・利用者の良いところを見つける姿勢は大切にする	・男性職員と２人で訪問して利用者の反応をうかがう

(6) 交代を希望したが結果的に交代しなかった事例（B―2事例）の分析と議論

次に、ケアマネージャーの側から担当交代を希望したが結果的に交代しなかった事例（B－2事例）の経験があるというメンバーから、少し具体的にその事例や経験を出してもらいました。

① 出されたケースの概要と研究方法

B－2事例として出されたものは、以下の四つです。

① 無理なサービス利用を要求する利用者で、自分には担当は無理だと思って担当交代を希望した。

② 家族が精神疾患を抱えている方でコ

表４-１ Ｂ－１事例についての振り返りと分析・考察のまとめ（132-133頁）

事例の概要	事例に対する「個人力」を高めるために必要なこと	事例に対する「チーム力」を高めるために必要なこと
① 事業所のケアマネージャーの人数が削減されたことで，いくつかの担当ケースについては交代せざるを得なかった	・やむを得ない交代の場合でも，利用者に負担をかけないように丁寧な引き継ぎを心がける	・「地域で支える」という観点から，事業所で抱え込まずに関係者と事例を共有する
② 事業所や私に対する苦情がとても多い方で，これ以上担当を続けるのは，私自身が精神的に無理だと思ったので交代を希望した	・苦情の内容を分析する ・本人の側に立って苦情の意味を考えてみる ・本人の気持ちに寄り添う	・苦情を事業所内で共有する ・事業所の他のメンバーとかかわり方について意見交換する ・１人のケアマネのしんどさやつらさを皆で共有する
③ 虐待関連の難しいケースで，私には担当できるだけの力がないと思っていたのと，先方からも交代の要求があったので交代を希望した	・何が家族にそうさせるのかという背景を考える ・本人や家族のつらさやしんどさを想像する ・プロとしての意識をもつ	・家族関係への視点から状況を分析する ・どのようにアプローチするかのアイデアを出し合う
④ 利用者の家族から「あなたにはもう会いたくない」と言われたので，私も交代したいと思って希望した	・「会いたくない」理由を考える ・家族のいない時に訪問するなどして利用者の意向をうかがう ・家族へのかかわり方を工夫してみる	・１人ではなく複数の職員でかかわるようにする ・家族とのコミュニケーションについて職員間で話し合う
⑤ こちらの訪問を拒否される方で，アセスメントもできないままだったので，私ではこの方の担当は難しいと思って交代を希望した	・拒否の理由を考える ・本人ではなく関係者から情報収集をする ・ドアをノックする，またインターホンを鳴らすだけでもいいので繰り返し訪問する	・さまざまな訪問拒否ケースに関する学びや意見交換の機会をつくる ・訪問の仕方や声のかけ方などのアイデアを出し合う

ミュニケーションがとりづらく、自分の力量の限界を感じて担当交代を希望した。

③　利用者の病気について家族がまったく理解をしてくれず、私の話もまったく聞いてくれないので、担当交代を希望した。

④　私の申し出や提案をまったく受け入れてくれない利用者で、このまま私がかかわっていても意味がないと思い、交代を希望した。

②　個人力・チーム力を高めるために必要なこと

そして、B－1事例の時に使用したのと同じ模造紙を使って、グループに分かれて話し合いを行いました。さらに、B－1事例の時と同様、私たちが心がけたことは、担当を交代したいと思うことや、それでも結果的に交代しなかった事に対して、単に「良かったのかダメだったのか」といった評価はしないで、その経験からケアマネージャーに必要なことを学ぼうという姿勢を共有することでした。

「B－2事例」を通しての話し合いの中で出た意見をまとめたものが、表4－2です。

表4-2 B－2事例についての振り返りと分析・考察のまとめ

事例の概要	事例に対する「個人力」を高めるために必要なこと	事例に対する「チーム力」を高めるために必要なこと
① 無理なサービス利用を要求する利用者で，自分には担当は無理だと思って担当交代を希望した	・要求内容だけに反応しないで，その言葉の裏にあることを探る ・利用者を否定しないで，傾聴の姿勢を心がける	・そのような要求をする利用者や家族への対応力をもつことは必要
② 家族が精神疾患を抱えている方でコミュニケーションがとりづらく，自分の力量の限界を感じて担当交代を希望した	・病気に関する知識を学ぶ ・病気への理解を踏まえてコミュニケーションを図る ・家族の言葉を傾聴する ・コミュニケーションがとりづらい人とのコミュニケーションに慣れる	・特に精神疾患のケースについては担当ケアマネージャーだけに任せずに，事業所としてかかわるようにする
③ 利用者の病気について家族がまったく理解をしてくれず，私の話もまったく聞いてくれないので，担当交代を希望した	・医師との連携を図る ・必要であれば医師から説明してもらうなどの協力をお願いする ・わかりやすく丁寧な説明をすることを心がける	・医師や看護師への協力を求めるなど医療スタッフとの連携の橋渡しをして，事業所がしっかり担当ケアマネージャーの後方支援をする
④ 私の申し出や提案をまったく受け入れてくれない利用者で，このまま私がかかわっていても意味がないと思い，交代を希望した	・わかりやすく丁寧な説明となっているかどうかを振り返る ・なぜ受け入れないのかを考え，その言動の背景にあるものを探る ・利用者にとって大切なことであれば，何回も粘り強く説明することが必要	・他の職員が一緒に訪問して補足説明をするなど，担当ケアマネージャーのフォローを事業所で行う

(7) ケアマネージャーの側から担当交代を希望した事例(B―1・2事例)の分析と気づき

以上のような、B－1事例(ケアマネージャーの側から担当交代を希望して、結果的に交代した事例)とB－2事例(ケアマネージャーの側から担当交代を希望したが、結果的に交代しなかった事例)の分析と考察の全体を通して、参加者からは、次のような意見や感想が出されました。

・ケアマネージャーの仕事には、利用者本人、家族、サービス事業所との信頼関係が何より大切であることを再確認した。これがなければ何も始まらないし、動かないと思う。

・利用者が利用しているサービス事業所からの情報が、ケアマネージャーの方からわざわざ聞かなくても勝手に入ってくる、と言うくらいの関係を、事業所と作る必要があるのではないか。その関係から、インテークの段階ではわからなかった利用者に関する情報も得られる。

・苦情や要求が多い利用者に対しては、本当は何を訴えたいのか分析する必要がある。言葉の裏には、しんどさを理解してもらいたいなど何かがあるので、じっくりとその言葉の背景や意味を分析することが必要である。

・ケアマネージャーを受け入れてもらえない時には他サービスと同時に入るとか、また電話に出てくれない人には、「○○でプランを勧めます、ダメなら電話を下さい」等の言い方を工夫して、相手からの応答（アクション）を引き出すような働きかけも大切だと思う。
・たとえばケアマネージャーの訪問に対して拒否的な利用者に対しては、状況によっては「強引なかかわり」が必要な時もあると思う。
・コミュニケーションが難しい相手でも、その人の良いところを見つけて、認めること、ほめることを心がけないといけない。
・個人力を高めるには、自分の実践の振り返りをし、気づきや考察を言語化しなければならないと思った。
・チーム力を高めるには、短時間できちんと情報が共有できて、お互いに相談できる体制づくりが必要ではないか。仕事の忙しさにかまけていて、そのことをできない理由にしてはいけないと思う。
・利用者や家族とのコミュニケーションには、粘り強さや丁寧さが必要だとあらためて思った。
・「神は細部に宿る」という言葉をあらためてかみしめた。挨拶、掃除や電話、訪問、書類作成など、すべては日々の一つひとつの仕事を丁寧に、誠実に行うことの積み重ねだと思った。

以上のような意見や感想から、改めてケアマネージャーの仕事において、利用者や家族とのコミュニケーションは難しいし、それだけに大切なことであると思いました。一人のケアマネージャーとして、自分から「この利用者の担当を降りたい」「他のケアマネージャーに交代したい」などと思う背景には、もちろん、個々にさまざまな事情や理由があることと思います。しかし、そこには総じて「コミュニケーションが上手くいかない」「家族を受け入れられない」「苦情ばかり言われて疲弊する」など、ケアマネージャーとしてのかかわりに関する悩みやとまどいの経験があると思います。

「交代した・しなかった」という結果も大切ですが、それ以上に、そのように感じた経験や過程を振り返ることが大切だと思います。「その利用者とのコミュニケーションが上手くいかない理由は何か」「家族を受け入れられないのはなぜか」「苦情を言いたくなる相手の気持ちはどういう状態か」「どのような苦情を自分はしんどいと思うのか」を考えることを通して、自分たちケアマネージャーとしての「かかわり続ける力」を向上させることにつながると思います。資料4-2-1~2は、本項で取り上げたテーマを議論した際に作成した表です。網掛けの部分は参加者が書いた付箋紙で、網掛けされていない部分は、付箋紙を基にした議論の中から導き出された参加者の意見を整理したものです。この議論から導き出され

資料４－２－１　ある日の模造紙を使ったワークの記録①

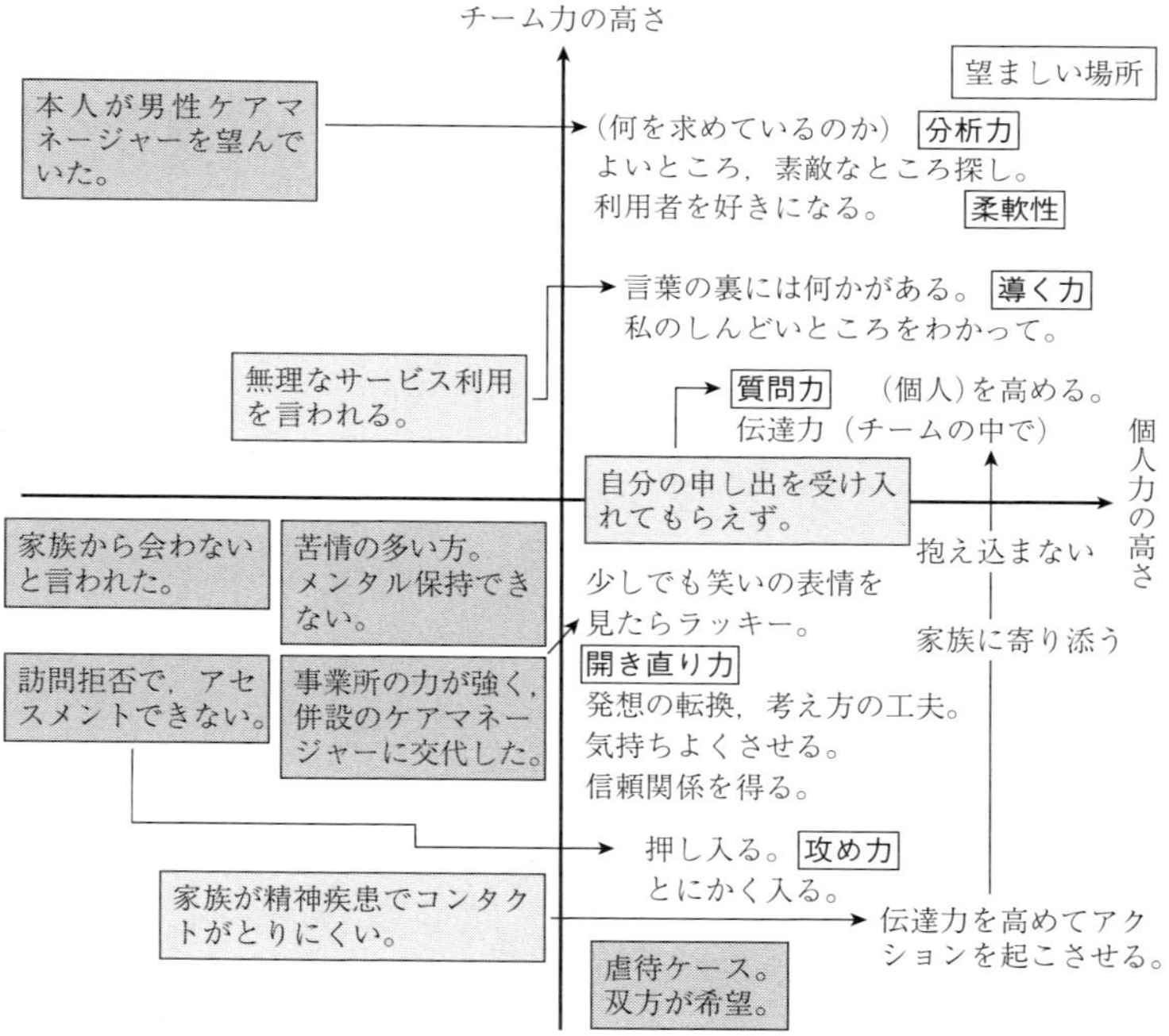

資料４－２－２　ある日の模造紙を使ったワークの記録②

分析　と　気づき――分析力，伝達力，押し

- 苦情や要求が多い人は，本当は何が訴えたいのか分析する必要がある
- 言葉の裏には，しんどさを理解してもらいたいなど何かがあるので，じっくりと分析が必要
- ケアマネージャーを受け入れてもらえない時には，他サービスと同時に入る方法もあり
- 電話に出てくれない人には「○○でプランを勧めます，もしダメなら電話を下さい」等言い方を工夫して，相手のアクションを引き出す強引さも，時には必要
- ケアマネージャーが訪問して，相手が気分よくなれるように，細かなことでもほめる
- 個人力を高めるには振り返りをし，言語化すること
- チーム力を高めるにはきちんと短時間で相談できるシステムを作る

た結論は次の通りです。

①　個人力・チーム力の両方が低い場合は、経験値が浅く、チームに相談できない。

②　個人力が低くチーム力が高い場合は、経験値は浅いが、支援困難ケースをチーム力（事業所内）で解決できる。

③　個人力が高くチーム力が低い場合は、経験値が高く、自分のテリトリーのサービス事業所等で課題解決できる。

④　個人力・チーム力の両方が高い場合は、経験値も高く、介護保険事業所以外の社会資源制度を使い、多角的視点に基づいた支援ができる。

望ましいのは当然④ですが、一足飛びには実現できません。一つひとつのカテゴリーを着実にこなし、「力」を付ける事が④を実現するために最も確実な方法といえます。望ましい場所（④）にたどり着くためには、多くの「力」が必要である事を、この資料4－2－1～2のような形で可視化する事で参加者も納得できたようでした。

3　かかわり続けるための「四つの力」の誕生

(1)「ケアマネ交代」経験の振り返りから得たケアマネージャーを支える「一七の力」

本研究会ではこのようにして、担当ケアマネージャー交代事例について、参加者の経験をお互いに出し合って四つ（A－1、A－2、B－1、B－2）に分類し、その経験から何を気づき、学ぶことができるかについて話し合ってきました。それぞれ自分が経験したことであり、あるいは誰もがそれに近い経験をしているので、話は尽きることなく、毎回の研究会の時間は、あっという間に過ぎていきました。

ケアマネージャーが、色々な生活上の困りごとを抱える方々に対して、専門職としていかにかかわり続けることができるか、そのためにどのような「力」が必要なのか。既存の教科書やテキストの類いからではなく、自分たち自身の経験を通して、自分たち自身が納得する言葉として、自分たち自身によって見出していきたいと思ってきました。

ケアマネージャーにとっては、資格取得やその他、業務に関するさまざまな講習会や研修会等で得た知識や技術も大切です。しかし、ケアマネージャーには何より、多くの利用者や家族の方々及びその生活状況にかかわってきた数々の実践経験があります。学んだ知識や技術はその実践の中で活かされないと意味がありません。その意味で、経験を振り返り、知識や技術を問い直し、また新たに創出する営みが大切だと考えます。

これまでの話し合いを振り返りつつ、利用者や家族、地域に「かかわり続けるために必要な力」として思い浮かぶ言葉（「○○○ができる」「○○○することが必要」など）を、ブレイン・ストーミングの要領で自由に出し合いました。過去の研究会で使った資料や模造紙などを見て、話し合いの内容を思い出しながら、みんなで、思いつくだけ出し合って、付箋に書いていきました。次に、KJ法によって、同じまたは近い内容のものに、付箋をグループ分けしていきました。さらに、それぞれのグループに、「○○○の力」や「○○○する力」という形で、その分けられたグループの内容にふさわしい名前をつけていきました。そして、その結果が、次の「一七の力」です。これらが、本研究会参加者の経験（「ケアマネ交代」の経験）の振り返りを通して得た、「かかわり続けるために必要な力」です。

① **分析する力**

・利用者や家族の思いや状況、言動の背景を冷静に分析することができる。

・「人」と「問題」を切り離して考えることができる。

・利用者や家族が置かれている状況への想像力を豊かにすることができる。

② 情報収集する力

・利用者や家族に関する情報を適切に収集できる。
・言葉だけでなく表情なども受け止める「傾聴」の姿勢を保つことができる。
・必要であれば関係者など多方面からの情報収集ができる。

③ 専門性を発揮する力

・対人援助専門職としての知識や技術の専門性を磨く。
・医療職などと適切に連携がとれるという専門性を発揮できる。
・制度やサービスのことを、適切にわかりやすく相手に説明できる。

④ 工夫する力

・行き詰まった時に、かかわり方などを工夫することができる。
・時にはケースや自分の実践を「俯瞰して」、あるいは「巻き戻して」みることができる。

⑤ アプローチする力

・さまざまなアイデアや想像力、手立てを駆使して利用者とその生活にアプローチすることができる。

・相手の良いところや素敵なところを見つけることができる。常に寄り添う姿勢を保つことができる。
・相手を変えようとするのではなく、自分が変わろうとすることができる。

⑥ **質問する力**

・限られた時間の中で、必要なことを的確に質問することができる。
・利用者に対して先入観に左右されずに、興味や関心をもってかかわることができる。

⑦ **柔軟に対応する力**

・相手の出方や反応に合わせて、こちらのかかわりや働きかけの仕方を柔軟に見直していくことができる。
・利用者に振り回される「やわらかさ」や「しなやかさ」も必要。

⑧ **導く力**

・利用者の本音を引き出すなど、利用者が心を開き安心して話ができるように導くことができる。
・家族の力を導き出してチームの一員として巻き込むことができる。

⑨　**粘り強くかかわる力**

・たとえば、かかわりを拒否する利用者に対しても、かかわり続ける粘り強さ。

・支援の仕事には、根気や我慢も必要。

・精神的に「タフ」であることも必要。

⑩　**タイミング良く動く力**

・「今ここ」での介入のチャンスをつかんで、支援の可能性を広げることができる。

・ちょっとした変化をつかめる「気づきのアンテナ」を張っておく。

⑪　**攻める力**

・たとえば虐待やセルフネグレクトのケースなど、利用者の状況によってはひるまず、くじけず、時には強引に押し入ることも必要。

⑫　**開き直る力**

・支援には上手くいかないことも多くあるので、時には良い意味で開き直って発想の転換を図ることも必要。

・利用者や家族に「好かれる」ことがケアマネージャーの仕事の目的ではないことを認識する。

・困難ケースを「良い意味で」楽しむことができる。
・「利用者や家族から色々きびしいことを言われるのは，それだけケアマネージャーが近い存在であるということ」と思ってかかわる。

⑬　**連携する力**

・孤立しないで仕事をすることができる。
・独りよがりの支援にならないように客観的に見つめることができる。
・利用者が直面している問題状況に応じて，必要な関係機関や専門職と連携して仕事ができる。
・サービス事業所と対等な関係で連携することができる。

⑭　**共有する力**

・自分一人でケースを抱え込まずに，事業所の同僚などと共有することができる。
・事業所の職員やチームメンバーに必要な情報を的確に伝達することができる。
・自分のしんどさや悩みを言葉にすることができ，同僚のそれを受け止めることができる。

⑮　**自己覚知する力**

・コミュニケーションに関する自分の傾向や利用者に対する自分自身の感情を振り返るこ

とができる。
・私個人の価値観で相手を判断しない。
・自分に何が足りないのかを謙虚に見つめることができる。
・経験に頼りすぎず、自らの実践を振り返ることができる。
・「くれない族」（してくれない、わかってくれない、言ってくれない等）にならず、きちんと自分と向き合うことができる。

⑯ **職業倫理に基づく力**

・対人援助の専門職として常に職業倫理を踏まえて仕事をすることができる。
・常に本人を中心に据えた、本人の意向を尊重した支援を描くことができる。
・「職業人としての意識」「プロ意識」の向上を心がける。

⑰ **リスクマネジメントができる力**

・利用者や家族からの苦情を適切に受け止めて必要な対応ができる。
・あらかじめ想定されるリスクに備えることができる。

(2) この実践研究から得たもの――「四つの力」の誕生

そして、以上の「一七の力」を、さらに関連するもの同士でグループに分けられないかと試みました。その理由は、一七個では多すぎて、覚えられないということがありました。また、利用者との面接その他の仕事の中で、「ああ、そうだ。◯◯◯力を心掛けよう」「この場面では、◯◯◯力が大切だ」「自分には◯◯◯力が、まだまだ足りないな」などと、実際に思い出して、日常の色々な場面で活かせるものにしたいと思ったからです。そのために、あまり難しくなく、できるだけ身近なやさしい言葉で表現したいと思っていました。

この作業を通して、結果的には、「四つの力」(「考える力」「あたる力」「まとまる力」「まもる力」と名づけました) としてまとめることができました (表4-3)。これらは、自らのケアマネージャーとしての経験の振り返りとその言語化から生み出された、いわば「研究成果」としての財産です。そして、ケアマネージャーが利用者、家族そして地域に「かかわり続ける」ことを支える力です。

「考える力」は、必要な情報の収集や整理、分析ができる力であり、また色々なことに気づける力です。ケアマネージャーが「振り返り・気づき・発見の専門職」「考え続ける専門職」であるために必要な力であると言えます。

表4－3 「かかわり続ける」ことを支える4つの力（その中身としての17の力）

1：考える力 （必要な情報の収集や整理，分析ができる力）	① 分析する力 ② 情報収集する力 ③ 専門性を発揮する力
2：あたる力 （さまざまな困りごとを抱える利用者や家族にかかわり，働きかけることができる力）	④ 工夫する力 ⑤ アプローチする力 ⑥ 質問する力 ⑦ 柔軟に対応する力 ⑧ 導く力 ⑨ 粘り強くかかわる力 ⑩ タイミング良く動く力 ⑪ 攻める力 ⑫ 開き直る力
3：まとまる力 （事業所内でまた関係者からなる支援チームで，情報を共有し，協力して業務ができる力）	⑬ 連携する力 ⑭ 共有する力
4：まもる力 （「職業倫理」を守って仕事ができる力であり，自分自身や同僚，利用者，地域を護る力）	⑮ 自己覚知する力 ⑯ 職業倫理に基づく力 ⑰ リスクマネジメントができる力

「あたる力」は、さまざまな困りごとを抱える利用者や家族にかかわり、働きかけることができる力です。コミュニケーションがとりづらい利用者や、かかわりを拒む利用者であっても、それでも、ケアマネージャーが試行錯誤をしながら、かかわり続けることを可能にする力であると言えます。

「まとまる力」は、事業所内でまた関係者からなる支援チームで、情報を共有し、協力して業務ができる力です。ケアマネージャーは専門職とはいえども、誰かの生活を一人で支えることはできません。人の生活や人生にかかわる仕事は、そんなに簡単なものではありません。だからこそ、関係者や関係機関としっかり連携して、チームワークで仕事ができるという力が必要です。

「まもる力」は、ケアマネージャーが専門職として、「職業倫理」を「守って」仕事ができる力です。またこの力は、自分自身や同僚、利用者、地域を「護る」専門職であるための力でもあります。さらに、ケアマネージャーの仕事で大切なこと（たとえば対人援助の価値や倫理）を、次世代にきちんと継承していく力でもあると言えます。

私たちは、この研究を通して得られた「四つの力」を、他のケアマネージャー、特にケアマネージャーになって間もない人やこれからケアマネージャーになる人たちに伝えていきたいと思いました。そして、伝えるためにはどうしたらよいのか、どんな形で伝えられるか等の「継承」「共有」に関する課題が研究会の次のテーマとなっていきました。

（吉田栄子・空閑浩人）

第5章　ケアマネージャーを支える「四つの力」
──「考える力」「あたる力」「まとまる力」「まもる力」

前章で述べたように、「経験年数五年以上のケアマネージャーの会」（以下、本研究会）で、「ケアマネ交代」という経験を振り返りながら、色々な利用者や家族にかかわり続けるために必要なことは何か、たとえ困難なケースであっても、かかわり続けるためには、どのような力が必要なのかについて話し合ってきました。

その話し合いから生まれたのが、「考える力」「あたる力」「まとまる力」「まもる力」という四つの力と、その中身としての「一七の力」です（表4-3〔一四九頁〕参照）。この「四つの力（一七の力）」が「かかわり続ける営み」を可能にし、これらの力を育んでいくことがケアマネージャーとしての成長や実践力の向上につながると考えます。

本章では、四つの力、特にその中身である「一七の力」について、事例に照らし合わせながら取り上げていきます。本研究会の参加者が自分たちで見出した「力」について、次は、どのようにすれば自分たち以外のケアマネージャーにわかりやすく伝えられるかを考えていきました。

本章で記されているのは、本研究会で得られたものを、決して自分たちだけのもので終わらせずに、「いかに多くの人に伝えて共有するか」に向けた試行錯誤と、その過程から得られた「研究成果」であると言えます。

私たち地域包括支援センターのケアマネージャー五名（以下、私たち）は、単なる教科書的な内容では面白くないと思い、「実践的」な説明を心がけながら、共同で作業をしていきました。その結果、簡単な事例を取り上げながらのワーク及びチェック形式にしてみました。ここでは「五つの事例」を取り上げましたが、是非それぞれの事例について、「自分だったらどうするか？」と考えながら読み進めて頂ければ幸いです。

そして、事例への見方やかかわり方のポイントや大切なこと、すなわち四つの力とその中身である一七の力をチェックしながら、かかわり続けるために必要なことについて一緒に考えて頂ければ嬉しく思います。

1　性別で拒否されたら交代しかないの⁉

――担当の引き継ぎ後、性別を理由として担当交代を要求された事例

本人は一人暮らしの八〇代の女性の方です。要介護認定の更新で要支援から要介護になり、地域包括支援センターからの事業所変更で、居宅介護支援事業所の男性ケアマネージャーが担当を引き継ぐことになりました。本人宅での、引き継ぎに伴うやりとりやサービス担当者会議も問題なく終わりました。ケアマネージャーは、本人に次回の訪問の約束をして事業所に戻りました。翌日、事業所へ本人から電話がありました。聞くと、「男性ケアマネージャーは苦手なので、女性の方でお願いしたい」とのことです。しかし、地域包括支援センターの前担当者も男性でした。ケアマネージャーは気落ちして、「同じ男性なのに、なぜ自分のことは嫌なんだろう。女性のケアマネージャーに交代した方がよいのだろうか」と思いました。

ワーク1：あなたが、このケアマネージャーだったらどうしますか？　そして、このような事例に遭遇した時、ケアマネージャーとして必要なこと、大切なこと、やるべきことは何でしょうか？　思いつくことを自由に書いてみましょう。

ワーク2：ワーク1の内容として、たとえば次のようなこと（力）が、ケアマネージャーとして必要なこと、大切なこと、やるべきこととして考えられますが、思いつきましたか？　自分が思いついた項目に、チェックしましょう。

① **考える力**

・分析する力
＊言葉だけでなく、その言葉の背景にある状況や思いを考えましょう……………□

・情報収集する力
＊本人や家族に関する情報が十分かどうか見直してみましょう……………□
＊関係者の考えだけでなく、何より本人の思いをきちんと受け止めましょう………□

② **あたる力**

・質問する力

＊開かれた質問で、言葉の裏にある思いを感じ取るようにしましょう……□

・開き直る力

＊「利用者に好かれなければいけない」と思いすぎないようにしましょう……□

③ **まとまる力**

・共有する力

＊自分自身の言葉やコミュニケーションの仕方がどうだったのか、同僚や関係者の意見を聞いてみましょう……□

④ **まもる力**

・自己覚知する力

＊自分の価値観で相手を見ないようにしましょう……□

・リスクマネジメントができる力

＊制度やサービスについて、相手の立場に立った丁寧な説明を心がけましょう……□

＊その説明を相手が理解したかどうかを確認しましょう……□

＊もし、こちらの対応のまずさが理由であるなら、きちんと謝りましょう……………□

⑤　**その他、ケアマネージャーとして大切にしたいこと**

・訪問時の礼儀、身だしなみ、言葉遣い、靴の脱ぎ方などのマナーも大切です。
・新しい担当が男性であることを、前もって伝えられていたら良かったかもしれません。
・インテーク（初回面接）は、利用者とケアマネージャーとの最初の「出会い」の場であることを意識しましょう。
・利用者との信頼関係の構築のためにも、インテークの際に相手に与える印象を重視しましょう。
・利用者主体を心がけて、自分の言動を振り返り、分析して、支援のスキルを向上させていきましょう。

2　家族のもめごとの結果、ケアマネージャーが悪者に⁇
——意見が異なる家族の間で板挟み状態になって担当交代を要求された事例

本人（九〇歳・男性）は要介護4で、病気で寝たきり状態にあり、中度の認知症を患っています。妻（八〇歳）の方は特に介護が必要な状態ではありませんが、今まで夫に精神的にも頼って生活してきたので、自分で何かを決めることが難しい様子です。夫である本人の介護やその他のことについては、ほとんど二人の娘たちに頼っています。同居している次女夫婦が、仕事をしながら二人の介護や世話をしています。次女は心身ともに疲れきった様子で、本人がデイサービス利用を拒否するので、訪問看護やヘルパーを利用しながらなんとか在宅で生活していましたが、もう限界だと訴えます。老健など施設への入所を希望されたため、ケアマネージャーは施設探しを始めました。しかし、ここで、他県に住む長女が入所に強く反対してきました。直接ケアマネージャーに連絡してきて、その旨を訴えます。ケアマネージャーからは、主たる介護者の次女の意向で動いていた旨を説明しましたが、長女には納得してもらえません。この後、意見が異なる長女と次女の間で、ケアマネージャーは板挟み状態になり、結局「こういう時に決めてくれるのがケアマネの仕事ではないか、責任感がない」と二人から責められて、担当交代を要求されました。

ワーク1：あなたが、このケアマネージャーだったらどうしますか？　そして、このような事例に遭遇した時、ケアマネージャーとして必要なこと、大切なこと、やるべきことは何でしょうか？　思いつくことを自由に書いてみましょう。

ワーク2：ワーク1の内容として、たとえば次のようなこと（力）が、ケアマネージャーとして必要なこと、大切なこと、やるべきこととして考えられますが、思いつきましたか？　自分が思いついた項目に、チェックしましょう。

① **考える力**

・分析する力

＊言葉だけでなく、その言葉の背景にどのような意味があるかを考えましょう……□

・情報収集する力

＊家族の意見は大切ですが、一番大切な本人の気持ちを聞きましょう……………□

＊本人や家族に関する情報が十分かどうか見直してみましょう……………………□

・専門性を発揮する力

＊その場その場のやりとりに振り回されるのではなく、根拠や必要性に基づく対応を心がけましょう……□

＊施設入所について本人や家族の判断の支えとなる知識や情報を、わかりやすく説明しましょう……□

② あたる力

・工夫する力

＊支援過程を巻き戻してみながら、家族へのかかわり方の工夫をしてみましょう…□

・アプローチする力

＊この家族の強さや良いところを見つけるようにしましょう……□

＊施設に入所するかしないかだけでなく、それ以外にも選択肢や可能性を拡げてみるようにしましょう……□

・開き直る力

＊家族間の意見の違いに否定的になるだけでなく、家族のつながりが強まるきっかけにもなるという見方も持つようにしましょう……□

・導く力
＊この家族の思いや力が、どうすれば本人や家族の今後の生活に良い方向につながるかを考えてみましょう……□

③ **まとまる力**
・連携する力
＊本人・家族・関係機関との信頼関係は築けているかどうかを見直しましょう……□
＊関係機関と連携して、この家族への多方面からの働き掛けも検討しましょう……□
・共有する力
＊悩みを一人で抱え込まないで、同僚に相談するようにしましょう……□
＊事業所内での職員間の伝達や意思統一などの機会を大切にしましょう……□

④ **まもる力**
・自己覚知する力
＊自分自身の言葉遣いやコミュニケーションの仕方がどうだったのか、同僚や関係者の意見を聞いてみましょう……□

・職業倫理に基づく力

＊「自分は専門職である」という意識を持って、冷静な対応を心がけましょう……□

・リスクマネジメントができる力

＊制度やサービスについて、相手の立場に立った丁寧な説明を心がけましょう……□

＊その説明を相手が理解したかどうかを確認しましょう……□

＊家族とのやりとりや支援内容について、きちんと記録に残しましょう……□

⑤ その他、ケアマネージャーとして大切にしたいこと

・利用者本人の利益を優先して、家族の思いもしっかり汲み取りながら動く事が大切です。

・利用者本人の意向を大切にしながら、家族全員で決めていく過程を支えることも大切です。

・家族の誰に連絡したら良いかの窓口を、あらかじめ決めてもらっておくと良いでしょう。

・本人や家族だけで決められない時は、助言や具体的な選択肢を与えることも必要です。

・「決めるのはケアマネージャーではない」ということを、時には毅然と伝えることも必要かもしれません。

・迷ったら、事業所内のカンファレンスで相談するか、あるいは事業所内外で情報収集したり、相談しましょう。

・介護力や経済力、家族の関係性、サービス利用状況などの専門的な視野での情報収集が必要です。そのような作業から見落としたことや支援のヒントが見つかることが多くあります。

3　本人の意向を第一に考えていたのに本人から交代を希望された……
――本人と息子の意向の食い違いから担当交代を要求された事例

本人（八五歳・女性）は一人暮らしで、現在は入院中です。本人は「早く退院して自宅に帰りたい」と訴えています。別居している息子がいますが、「退院後は母親を施設に入所させたい」と言います。本人の退院後の生活について、本人と息子との思いが食い違う状態です。「自宅で暮らし続けたい」という本人の思いを尊重した話をすると、息子からは「ケアマネージャーは家族じゃないから、口を出さないでほしい」「家族の大変さがわからないから、そんなことが言えるんだ」「本人をたぶらかしている」と、激しい口調で訴えられます。関係者とともに話し合いを重ねますが、状態は改善されないまま、息子だけでなく本人からも、ケアマネージャーである私への苦情が出されるようになりました。ある日、息子から電話が入り「担当をすぐに代わってほしい。母親も望んでいる」と言われてしまいました。私は心が折れそうになりました。

ワーク１：あなたがこのケアマネージャーだったらどうしますか？　そして、このような事例に遭遇した時、ケアマネージャーとして必要なこと、大切なこと、やるべきことは何でしょうか？　思いつくことを自由に書いてみましょう。

ワーク２：ワーク１の内容として、たとえば次のようなこと（力）が、ケアマネージャーとして必要なこと、大切なこと、やるべきこととして考えられますが、思いつきましたか？　自分が思いついた項目に、チェックしましょう。

① **考える力**

・分析する力

＊担当ケアマネージャーとして、今の状況に何が足りないのか、何を求められているのかについて、まずは冷静に振り返ってみましょう……………□

＊言葉だけで、なくその言葉の背景にどのような意味があるかを考えましょう……□

・情報収集する力

＊本人と息子の話からだけで決めつけずに、この親子を知る関係者からも情報を集めてみましょう……□

・専門性を発揮する力

＊その場しのぎではなく、根拠や必要性に基づく対応を心がけましょう……□

＊本人や家族から求められていることについて、自らが十分な知識や情報を持っているかどうか、またそれらについてわかりやすい説明ができているかどうかを振り返ってみましょう……□

② あたる力

・粘り強くかかわる力

＊本人と息子との間で異なる意見のどちらに対しても、しっかりと耳を傾けて受け止め続けるようにしましょう……□

・アプローチする力

＊本人と家族の意向が異なる場合などは、家族の関係や状況についての丁寧なアセ

スメントを心がけてみましょう……………………□

＊本人や息子が持つ「強さ」や「良さ」を見つけるようにしましょう……□

・質問する力

＊「開かれた質問」で、言葉の裏にある思いを感じ取るようにしてみましょう……□

・攻める力

＊「自宅か施設か」の単なる二者択一ではなく、色々な社会資源を活用した手立てについての提案もできるようにしましょう……………□

・開き直る力

＊色々言われるのは確かに辛いですが、「自分がいることで、別居の親子が関係を保っている」と思って、かかわり続けてみましょう…………□

③ まとまる力

・連携する力

＊病院その他の関係機関・関係者との信頼関係を大切にして、連携・協働による対応を心がけましょう……………………□

・共有する力

＊悩みを一人で抱え込まないで、同僚に相談するようにしましょう………………□

④　**まもる力**

・自己覚知する力

＊自分の価値観で相手を見ないように心がけましょう………………□

⑤　**その他、ケアマネージャーとして大切にしたいこと**

・本人はもちろんですが家族との信頼関係も大切です。たとえ双方の意向が食い違っても、両者の思いを尊重し、寄り添う姿勢が大切です。

・あくまでも当事者である本人と家族が決めていく過程を大切に、かかわり続けたいものです。

・本人と息子が互いに誤解している可能性もあります。お互いの思いが正しく伝わっているかどうかの確認も大切です。

・双方が不安に感じていることも、ケアマネージャーが間に入ることで聞き取ることができます。

・その上で、本人が退院後に自宅に戻ることのできる条件を、確認するのも良いでしょう。

・ただし、一度の確認で最終決定するのではなく、各専門職や職場の意見も聞きながらの作業が大切です。

・また、将来を見通しての事業所見学や施設見学なども、試してみるのも良いでしょう。

いずれにしても、この親子に色々な選択肢が提示できれば良いですね。

4　娘の思いも大切にしてきたのに、その娘から交代を希望された……
――キーパーソンである娘が「無理難題」を要求してくる事例

他の事業所から担当を引き継いだケースですが、本人と同居している娘が、ホームヘルパーを家政婦扱いすることがあると聞いていました。本人（八〇歳・女性）は要介護5であり、現在はその娘と同居しています。娘は、仕事で毎日多忙な生活をしながらも、自宅で母親の世話をしています。娘からは、夜遅くに事業所に電話がかかってくることがあります。内容は緊急なことではないのですが、仕事から帰宅して電話されるのだと思われます。長時間にわたり切れ目なく話をされるので、なかなか電話を切ってもらえない状態です。介護保険制度やサービスの利用についての色々な要求をされるのですが、制度上できないことばかりを言われるので、ケアマネージャーとしても、それはできないという返答に終始しがちです。何度説明しても、全く聞く耳を持ってもらえません。キーパーソンである娘の理解がないため、サービスの利用につながらないなど、支援が進まない状況でした。そのうち「あなたでは話にならないから担当を代わって」と娘から言われました。

ワーク1：あなたがこのケアマネージャーだったらどうしますか？　そして、このような事例に遭遇した時、ケアマネージャーとして必要なこと、大切なこと、やるべきことは何でしょうか？　思いつくことを自由に書いてみましょう。

ワーク2：ワーク1の内容として、たとえば次のようなこと（力）が、ケアマネージャーとして必要なこと、大切なこと、やるべきこととして考えられますが、思いつきましたか？　自分が思いついた項目に、チェックしましょう。

① **考える力**

・分析する力

＊ケアマネージャーとして、今の状況に何が足りないのか、何を求められているのか、まずは冷静に振り返ってみましょう……………………□

＊娘からの「無理難題」な訴えの背景に、何があるのかを探ってみましょう……　□

・情報収集する力

＊確かにキーパーソンは娘になりますが、娘の意見だけでなく、本人の思いや考えもきちんと聞き取るようにしましょう……　□

・専門性を発揮する力

＊制度やサービスの内容や利用のルールなどについて、専門用語を使いすぎず、平易な言葉で相手に伝わるように説明することを心がけましょう……　□

② あたる力

・粘り強くかかわる力

＊「無理難題」を要求する娘に対して、もちろんできないことを引き受けてはいけませんが、娘の気持ちに共感する姿勢を持ち続けましょう……　□

・アプローチする力

＊「お母様のことを私も一緒に考えたい」という思いを、娘に伝えるようにしましょう……　□

＊仕事が忙しい中で、それでも自宅で母親の介護をしている娘への敬意を表しましょう……□

＊本人や娘が持っている「強さ」や「良さ」を見つけて評価するようにしましょう……□

・柔軟に対応する力

＊無理難題を言われると確かに困惑しますが、冷静でおだやかな対応を心がけましょう……□

③　まとまる力

・連携する力

＊ホームヘルプサービス事業所など、この親子とかかわりがある場所や人との連携と協働を心がけましょう……□

・共有する力

＊たとえば娘からの電話の応対など、一人で抱え込まずに事業所全体で共有するようにしましょう……□

④　まもる力

・自己覚知する力

＊前担当者から引き継いだ際の先入観に縛られずに、この親子に向き合うようにしましょう ……………………□

・リスクマネジメントができる力

＊電話の応対などについて、記録を残しておくようにしましょう ……………………□

⑤　その他、ケアマネージャーとして大切にしたいこと

・家族は介護の初心者です。そして仕事を抱えながらの介護は本当に大変です。娘とのコミュニケーションでは、まずはこのことをしっかりわかってあげることが大切です。

・娘の要求に振り回されがちになりますが、本人の気持ちもしっかりと聞き取ることが大切です。

・丁寧に記録を残し、それを読み返す機会を持ち、本人と娘の双方の思いに寄り添おうとする姿勢を忘れないようにしましょう。

・制度やサービス内容に対する自分の説明の仕方が適切だったかどうか、わかりやすかったかどうかなどを振り返ってみることも大切です。

・親子のことを大切に思う気持ちを表現しながら、かかわり続けたいものです。
・この親子との会話の中に「笑い」や「なごやかさ」があるとよいですね。

5　一年目ケアマネージャーの私。家族の言動で自信喪失……
――新人ケアマネの私を家族が信頼してくれない事例

私が担当ケアマネージャーになって、まだ一年目の事例です。利用者本人は、八〇代の男性で要介護3の方です。認知症はなく、食事は自立されています。移動や移乗は一部介助が必要な状態です。利用者の次男の嫁が主たる介護者です。次男は単身赴任中で、自宅には月に一度は帰ってきています。以前に長男が借金を抱えたことがあり、その問題の後始末や親の介護に関しては、次男の嫁に押しつけられる形で、嫁としてもやらざるを得ない状態だったようです。初めて訪問した時、本人と次男及び次男の嫁と会うことができましたが、私はこの次男夫婦、特に嫁から歓迎されていないことを感じました。その後の次男夫婦とのやりとりから伝わってくる「この人は頼りない」「もっとキャリアのあるケアマネージャーの方が良い」というような二人の態度に、私の中では徐々にこのケースを担当していく自信がなくなり、誰かに代わってほしくなりました。

ワーク1：あなたがこのケアマネージャーだったらどうしますか？　そして、このような事例に遭遇した時、ケアマネージャーとして必要なこと、大切なこと、やるべきことは何でしょうか？　思いつくことを自由に書いてみましょう。

ワーク2：ワーク1の内容として、たとえば次のようなこと（力）が、ケアマネージャーとして必要なこと、大切なこと、やるべきこととして考えられますが、思いつきましたか？　自分が思いついた項目に、チェックしましょう。

① **考える力**

・分析する力

＊ケアマネージャーとしての自分に対して発せられる「頼りない」というメッセージが、この家族の何を表現しているのかを考えてみましょう……………………□

＊また次男夫婦のそのような態度が、何を表し、また訴えているのか、その意味や背景を考えてみましょう……………………□

・情報収集する力

＊まずは、この家族に関する情報を十分に集めることを心がけましょう……□

＊利用者本人の思いも、しっかりと受け止めるようにしましょう……□

② あたる力

・工夫する力

＊経験が浅いかどうかよりも、自分のかかわりやコミュニケーションの仕方が、相手に不安を与えていないかどうかを今一度振り返ってみましょう……□

・導く力

＊次男の嫁の良さや強さを認めつつ、本人の主たる介護者である嫁を支えることを考えてみましょう……………………□

＊この家族を支える大切なキーパーソンである次男の嫁が支えられるような、そして利用者本人を支えるチームのメンバーとして専門職と協働していけるような方策を考えましょう……………………□

③　**まとまる力**

・共有する力

＊悩みを一人で抱え込まないで、同僚に相談するようにしましょう…………□

＊個人ではなく事業所として対応することを先方に伝えるためにも、家庭訪問の際に事業所メンバーに同行してもらうのも良いでしょう…………□

④　**まもる力**

・自己覚知する力

＊この家族とのコミュニケーションやかかわりを振り返ってみましょう…………□

＊次男の嫁の立場に立って、自らのかかわりを見直してみましょう…………□

・職業倫理に基づく力

＊私たちの行為は、個人的な価値観や対人関係ではなく、専門職としての職業倫理に基づくものであることを再認識して、この家族とのかかわりを見直してみましょう…………□

⑤　**その他、ケアマネージャーとして大切にしたいこと**

・対応に困る・悩む事例は、必ず事業所で話し合い、一人で抱え込まないようにしましょう。

・利用者や家族からの苦情に対して、あまりくよくよしないことです。

・経験ある上司にも一緒に考えてもらって、かかわり続けるための方針や方向性を示してもらうようにしましょう。

・介護を担ってきた次男の嫁に対して、ねぎらいや敬意を表する態度で接することが大切です。

・次男の嫁の介護疲れに対しては、現在のサービス提案だけでなく先の見通しも含めた提案が必要で、このような提案は嫁の安心へもつながります。

・支援の振り返りはケアマネージャーの「力」です。支援記録を読み返しましょう。

・仕事の中でさまざまな悩みやとまどいを経験します。だからこそオン（仕事）とオフ（プライベート）を上手に切り替えて、どちらも充実させることが大切です。これも「かかわり続ける」ために大切なことです。

6　「四つの力」のその先へ

「事例」を取り上げながらの、「四つの力」及びその中身としての「一七の力」に関するワークはいかがでしたでしょうか。

もちろんこれがケアマネージャーに必要な力のすべてという訳では決してありません。これら以外にも、ケアマネージャーとして大切なことや身に付けるべきことはたくさんあると思います。

大切なことは、ケアマネージャーが利用者や家族、地域にかかわり続けるために何が必要かということを、「自分自身の経験の振り返りから見出す」ということです。言い換えれば、日々の多くの「利用者や家族そして地域とのかかわりから学ぶ」ということです。

ケアマネージャーとしての「担当交代」をめぐる経験は、それが利用者からの要求であれ、自ら望んだことであれ、決して嬉しいことではありません。時には、自分の力量の無さに心が折れそうになるような、辛い経験にもなります。

しかし、その経験をどう解釈するか、そこから何を学ぶかが大切です。それができてこそ、利用者に出会った意味もあると思います。本研究会の参加者たちと共有してきたことです。

ぜひ読者の皆さんには「四つの力」のその先へと向かってほしいと思います。そのためにも、事例研究会や、日々の利用者とのかかわりや実践を振り返って共有する機会を持つようにしてほしいと思います。

そのような場や機会が、きっとケアマネージャーである私たちを支え、そして成長させてくれるはずです。さらに、この仕事ならではの魅力や楽しさ、醍醐味（これもかかわり続ける営みのためには必要なことです）も見出して、共有することができると思います。

当たり前のことですが、ケアマネージャーも人間です。仕事の失敗や後悔もあります。人の生活や生き方にかかわる仕事が、そんなに簡単なはずはありません。だからこそ、失敗しないことや後悔しないことよりも、それ以上に、その経験から学ぶことが大切だと思います。このことは、かかわり続ける営みに必要な「五つ目の力」としての、「学び続ける力」と言って良いかもしれません。

（酒枝素子・園家佳都子・竹内卓巳・古川美佳・吉田栄子・空閑浩人）

第6章　「四つの力」の獲得がもたらす社会福祉専門職の成長

1　新人ケアマネージャーの悩みやとまどいの経験

(1)「私たちも心が折れそうになる時があります」

二〇一二年に出版した『ソーシャルワーカー論――かかわり続ける専門職のアイデンティティ』(ミネルヴァ書房)のあとがきに、筆者は次のような言葉を書きました。

「東日本大震災が起こったのは、ちょうど本書全体の構成を検討していた頃であった。あれからもうすぐ一年が経つ。この間、様々な場所や機会で、被災地の様子やそこでの支援活動に関する話を聞いた。専門職といえども、被災者とその状況を前にして、かけることができる言葉も見あたらず、ただ人々の側に居続けるしかなかったというソーシャルワーカーの話があった。確かにソーシャルワーカーの仕事は、人を援助することである。しかし、人が生きること、生活することに伴って生じる様々な困難状況を前に、時に圧倒され、時にひるみ、時に立ち尽くすこともある。ソーシャルワーカーであるということは、自らの仕事がたとえ『援助』という形にならなくても、様々な悩みや葛藤を伴うものであっても、それでもソーシャルワーカーとしてその利用者との関係から降りずに、『かかわり続ける』ことではないかと思う。」（空閑 二〇一二：二四五）

ある研修会で、この著書の話をした時のことでした。終了後に新人ケアマネージャーの方々が、「私たちも同じです」「利用者の困難状況を前に、圧倒され、心が折れそうになることがあります」「利用者さん宅を訪問するのが憂鬱になることがあり、自分の力のなさを痛感します」という話をしてくださいました。

ケアマネージャーという仕事への期待ややる気をもって、研修を受講し、ようやく資格を取得したものの、支援拒否や社会的孤立の事例、多問題家族の事例などに遭遇して、ケアマネージャーとして、この先やっていく自信を失いそうになることがあるという話でした。

ケアマネージャーとして求められるインテークやアセスメント、ケアプランやモニタリングの方法や技術は、確かに研修で学んできています。しかし、この新人ケアマネージャーたちが求めているのは、どうすればそれらの技術が向上するかということではないように思います。

ケアマネージャーがほしいのは、支援拒否などの困難事例に対しても、どうすれば心が折れることなくかかわっていけるかという「術」、すなわち研修等で学んださまざまな知識や技術を実際に駆使する際の、その駆使の「仕方」なのではないかと思います。言わば、「それでも、かかわり続けることができる術」であり、「それでも、利用者宅を訪問しようと思える術」なのです。そして、そのような「術」を構成する中身となる、「知識」や「技術」の実際の活用の仕方と、ケアマネージャーとしての「姿勢」を求めているのだと思います。

社会福祉専門職としての知識や方法、技術の習得はもちろんのこと、それとともに、実践経験を通して、そのような「術」を獲得していくことが、ケアマネージャーとしての成長につながるのだと思います。そのためには、利用者や家族とのコミュニケーションや支援の方法など（たとえば教科書的な事柄）について、ケアマネージャーが実践現場で経験するリアリティに沿って、そのリアリティからできるだけ離れずに、実践的・経験的に捉え直す、語り直す、説明し直す作業が必要だと思うのです。

(2) 悩みやとまどいを「糧」にすること

私たちは、自分の人生のすべてを思い通りに生きることができるでしょうか。自分の毎日の生活を自分の思うがままに送れるでしょうか。私たちが自分一人だけで生きているのではない限り、家族や同僚など他者との関係で成り立つ生活を営んでいる限り、それは不可能だと考えます。

また、将来のことについても、それを先に知ることができない限り、どうなるかはわかりません。逆に言えば、さまざまな他者との出会いとかかわりから日々の生活が築かれ、時に予定外や想定外のことが起こるのが人生であると言えます。その意味で、ケアマネージャーのような、自分以外の誰かの生活や人生にかかわり、それを支援しようとする仕事が簡単であるはずはありません。

それぞれに異なる利用者や家族の、それぞれに異なる生活状況を前にして、悩む、困る、とまどうといった経験は、ケアマネージャーとして当然のことだと思います。誰かの生活を支援することには、必ずそのような経験が伴うと言っても過言ではないと思います。

「支援とは相手があることであり、必ずしも支援者の思い通りにいかない」という、言わば当たり前のことを知ることが、利用者と対等に向き合うためにも、支援が指導や管理にならないためにも大切だと思います。

このことは、利用者や家族とのコミュニケーションにおいても同様です。特に新人ケアマネージャーの方々からは、コミュニケーションに関する悩みごとや困りごとを聞くことが多くあります。

「支援者である私は、きっとこの利用者のことをわかってあげられるはず」「人間同士、お互いわかりあえるはず」という思いは、利用者への信頼のかたちとしては確かに大切だと思います。援助関係の形成には、利用者に対する「受容」や「共感」の姿勢が大切であるとも言われます。もちろん、そのこと自体は否定しません。しかし、「利用者のことをわかる」というのは、あくまでも私たちの仕事における手段であって、目的ではありません。それ以前に、そもそも誰か他の人のことが、そんなに簡単に理解できるはずもありません。

私たちが担う生活支援の仕事の目的は、その人がその人らしい暮らしを、今もこれからも自分なりに営めることです。お互いにわかりあえるコミュニケーションや信頼関係の構築自体にこだわり過ぎると、利用者のことを一方的にわかったつもりになってしまって、本当はわかってなかったということにもなりかねません。

その意味では、むしろ、「人のことは、そう簡単にはわからない」ということを前提とした方が、コミュニケーションのかたちが多様になるかもしれません。かかわりが柔らかく、しなやかになるかもしれません。肩の力が抜けて、新たな気づきや発見が得られるかもしれません。そして「かかわり続けること」の幅や可能性が拡がり、援助の豊かさにつながるように思います。

さまざまな生きづらさや生活のしづらさを抱えた人々とその状況にかかわり、生活の安定や人生の希望を取り戻していく「過程」を共に歩むのが、ソーシャルワークやケアマネジメントなどの社会福祉援助の実践なのです。そこで大切なことは、支援者として経験する悩みに対して、避けることなくそれらと向き合って、それらを糧にして、たくさんの気づきやアイデアを得て、支援の過程に反映させることだと思います。

何らかの困難な事例を前に、悩み、とまどい、困るといった支援者の経験から、利用者に「かかわり、寄り添い続ける」ための「知」や「姿勢」、すなわち「術」を獲得していくことが大切だと思います。

2　社会福祉専門職の仕事と「四つの力」

(1)「四つの力」とは何だったのか

ここで、第4章で紹介した「四つの力」を、もう一度取り上げたいと思います。表4-3(一四九頁)で示した「四つの力(その中身としての一七の力)」の詳細については、第4章を参照していただきたく思いますが、これらの力が、ケアマネージャーはもちろんのこと、ソーシャルワーカーをも含めた社会福祉専門職にも、共通して必要な力であるということを、ここでは述べたいと思います。

ケアマネージャーなどの社会福祉専門職が担う「生活支援」の営みを一言で表すと、「一人ひとり異なる利用者とその生活状況に応じて、より適切なかかわりやサービス、支援の方法を見出し、関係機関と連携して実践すること」だと考えます。「四つの力」とは、そのような生活支援の営みを支えてくれる力であると思います。

そして、繰り返しますが、この「四つの力」は、ケアマネージャーとしての自分たちの経験(特に「ケアマネ交代」という経験)を振り返ることから、さまざまな利用者や家族とその生活状況に「かかわり続ける」ことを支える「術」として見出したものです。教科書に書かれてあるような既存のものではなく、何より自分たちの日々の実感を大切にしながら、自分たちの経験に根ざした、自分たちが納得する言葉で表現したものです。

(2)「考える力」

当たり前のことですが、人は人の生活や人生を代わりに生きることはできません。ケアマネージャーの仕事は、言わば、自分が体験したことのない体験をしている（自分が生きたことのない人生を生きている）利用者とのかかわりになります。

言い換えれば、一人ひとりの利用者と個別の生活状況から学ぶこと、教えてもらうことなしには、その利用者への生活支援は始まらないし、展開できません。そのため、利用者や家族そしてその生活状況等に関する必要な情報の収集や整理・分析ができる力、そして状況に応じたかかわりや支援を見出せる力すなわち「考える力」が必要となります。

(3)「あたる力」

そして、ケアマネージャーは何らかの生きづらさや生活のしづらさを抱え、生活困難状況にある人々にかかわります。中には、他者とのつながりを求めず、こちらの訪問や支援を拒否するなどして、地域で孤立している事例もあります。

ケアマネージャーには、そのような事例に対しても、かかわっていくことが求められます。心を開かない、支援を受け入れない事例に対して、いかにかかわるかが問われます。容易には支援というかたちにならなくても、支援の振り返りや巻き戻しを通して、多様な視点や多くの気づきに基づくアイデアを出し合い、さまざまな工夫を重ねつつ、働きかけることができる力が必要です。どのような利用者や状況であっても、粘り強くかかわっていく力、すなわち「あたる力」が求められます。

（4）「まとまる力」

また、ケアマネージャーの仕事は一人でやるものでは決してありません。そもそも自分以外の誰かの生活や人生にかかわることを、いくら専門職といえども、一人でできるはずはありません。

生活支援とは、協働作業やチームワークでの仕事です。前述したような悩みやとまどいを「糧」にしていくためにも、「一人で悩まない」ことが大切です。一人ひとりの利用者にとってのより良い生活支援のあり方を求めて、同僚や関係者と協力して業務ができる力、すなわち支援チームとして「まとまる力」が必要になります。

(5)「まもる力」

さらに、ケアマネージャーの仕事が職業であり、専門職である以上、職業倫理の遵守や専門職としての義務を果たすことが求められます。ケアマネージャーも人間です。それぞれに性格やパーソナリティがあり、人間関係の好き嫌いもあって当然です。とはいえ、利用者を自分の好き嫌いで区別してはいけません。

大切なことは、そのような自分の傾向を、自分で知っているということです。自己覚知は支援者としての自分を支える営みです。職業倫理を守って仕事をすることは、自分自身や同僚を守り、何より利用者、地域を守ることにつながります。すなわち、そのような「まもる力」がケアマネージャーに求められます。

(6)「四つの力」を育てること

これらの四つの力とその中身である一七の力は、自分たちの経験を振り返ることから見出されたケアマネージャーに必要な力であり、ケアマネージャーとして利用者や家族、そして地域にかかわり続けることを支える力です。これらの力を、ケアマネージャー個々人の中で獲得し、高めていくとともに、かつ新人ケアマネージャーなどのこれからを担う世代に継承していかなければなりません。

そのためにも、自分たちの共有財産として、この四つの力を「育てていく」ことが大切だと思います。そのためにも、さまざまな事例から学び続けることが必要だと思います。事例研究などを通して自らの実践を振り返り、自分たちケアマネージャーに必要な力や術を検証し、また新たに見出していくという取り組みを、継続していくことが必要だと思います。

3　社会福祉専門職として成長するということ

(1) 専門職の成長とは

ケアマネージャーを含めた社会福祉専門職が成長するとは、どういうことを意味するのでしょうか。確かに、専門職として求められる「知識や技術」を身に付けていくことは必要でしょう。しかし、それはたとえば、自己のまわりに専門家としての「鎧」をつけて、それをさらに厚く頑強にしていくような、そんなイメージではないと、筆者は思います。むしろその逆で、いかに「自分をひらく」ことができるかどうかだと思います。つまり、自分の考えや価値観を相対化できるかどうか。自分と異なる他者（利用者）の価値観を認められるかどうかだと思います。

その理由は、社会福祉の仕事は、人々の日々の「生活」を支える仕事だからです。その仕事には、生活者あるいは地域住民としての、当たり前の生活感覚が大切だと考えます。「専門性」に対して、「素人性」と言っても良いかもしれません。専門職である前に、私たちも地域で暮らす一人の住民であるということです。専門性を高めることは必要ですが、そのことが、自らも一人の生活者であるという素人性を失うことになってはいけないと思います。

そして、生活状況や生活様式は一人ひとり異なります。要介護度がたとえ同じであっても、生活状況は同じではありません。同じ認知症であっても、生活様式や家族関係は、それぞれ異なります。生活や家族に対する考え方や価値観もそれぞれ多様なのです。社会福祉専門職は、利用者それぞれの生活を認めて、尊重しなければなりません。そのためには、生活様式や価値観の多様性に対して、自らが「ひらかれて」いなければならないと考えます。

さらに、専門性にとらわれすぎると、利用者を「支援の対象」としか見なせなくなってしまうことにもなりかねません。利用者は単なる支援の「対象」ではありません。利用者は「支援される」「働きかけられる」だけの存在ではなく、私たち支援者に対して「働きかける」「問いかける」存在でもあるのです。

知らず知らずのうちに、専門家による支援の「対象」という言葉の中に、すなわち、支援者から支援されるだけの一方向の関係に利用者を押しこんでしまうことのないようにしなければなりません。利用者が一方的に何かをされるだけの存在にしてしまうような関係を、支援者はつくってはいけないのです。それはもはや支援と言うよりは、管理と言った方がふさわしいような関係です。支援が利用者への管理になってはいけません。

そうならないためにも、一人の生活者としての生活感覚や素人性を大切にして、自分の価値観を相対化し、自分をひらき、利用者が私たち社会福祉専門職に投げかける「働きかけ」や「問い」を受け止めることができる状態でいることが大切です。そして、それができる時に、色々な専門的な知識や技術を、「自分らしく」発揮できるのだと思います。専門職としての成長もここにあると思います。

(2)「自分らしい」専門職になる

当たり前のことですが、ケアマネージャーも一人の人間です。たとえば、背が高いとか低いとか、顔つきや容貌がどうとかなどの身体的特徴がそれぞれにあります。年齢や性別、パーソナリティや性格もそれぞれに違います。声や話し方の特徴もそれぞれにあります。生まれ育ってきた環境や経歴やライフコース、生活様式や価値観もそれぞれに異なります。そのような一人ひとりの違いが、利用者との関係や支援に、無意識のうちに影響を与えます。それゆえに、ケアマネージャーやソーシャルワーカーなどの対人援助職には、自分自身を知ること、すなわち「自己覚知」が必要なのです。

支援に必要なさまざまな知識や技術は「標準化」されたものです。しかし、専門性を構成するそれらの知識や技術は、そのままでは意味を持ちません。ケアマネージャーすなわち支援者である「人」を通して、表現され、活用されてはじめて意味を持ちます。そこに、人として、いわゆる「その人らしさ」が伴います。自らの支援の過程や経験を振り返り、自分の言葉で表現することの大切さもここにあります。より良い支援のために、知識や技術のより良い活用の仕方を、自分自身の経験に根ざして求めていく姿勢が大切なのです。

支援の仕事は、「自分」という存在を使う仕事です。すなわち「自分らしさ」や「自分の個性」を発揮できる仕事です。そこにこの仕事の「やりがい」もあります。支援者も人として、一人ひとり異なる存在なのです。そしてこのことは、同じ職場や事業所に所属する職員、あるいは何らかの支援チームのメンバーの多様性、そしてそれによる支援の柔軟性や幅の広さにもつながります。この仕事の面白さや醍醐味の一つも、ここにあると思っています。

(3) 専門職としての「強さ」とは

さらに、一人ひとりの利用者の尊厳を護り、その権利を擁護し、その生活を支援するためには、専門職としての「強さ」が求められるのは確かです。しかし、その「強さ」とは、自らが利用者と同じ人間として持つ「弱さ」を知り、その弱さに向き合うことで得られるのだと思います。

支援とは、支援する側と支援される側とが、「上下関係」となるような営みでは決してありません。求められるのは、そのような意味での「強さ」ではありません。また、専門的な知識や言語に、利用者を一方的に「当てはめ」、その枠の中に「押し込める」ことが支援ではありません。個別・具体の人として生きる利用者の存在と、その生きている世界へのまなざしを失ってはいけません。

社会福祉専門職の仕事は、当たり前のことですが、自分とは異なる存在としての「生身の人間としての利用者」と向かい合う仕事です。だからこそ、支援する側の思い通りにならなくても、それは当然のことなのです。専門職は、自らが保持している「支援者」あるいは「専門家」という立場が、利用者とのかかわりの中で、「揺らぐ」ことに臆病になってはいけないのです。

専門職である限り、何より大切なことは、「一人ひとりの利用者及びその状況から学ぶ」という、謙虚な姿勢を持ち続けるということです。そのことが、さまざまな利用者とその状況に対する、適切で柔軟な対応や働きかけを導きます。

そしてその姿勢が、専門職として、また一人の人間として自らを成長させるとともに、利用者とその状況に応じた支援を「創造」していくことにつながります。たとえば「要介護状態にあるAさんとその家族」へのかかわり方や、どのように支援を行っていくのかについては、あらかじめ「トリセツ」のようなものがあるわけではなく、インターネットで検索しても出てきません。支援者としての自分自身が、直接にAさんとその家族に出会い、そして対話を行い、かかわり続けながら見出していくものなのです。

また、利用者や家族とのコミュニケーションにおいては、確かに相談室などでの、改まった面接場面でのやりとりも大切です。しかし、それよりはむしろ、日常の生活場面での何気ない一言、あるいはちょっとした一言、さりげない仕草や表情の中にこそ、相手の本音ともいえるメッセージが含まれているのです。支援者として大切なことは、日常の場面を共にしつつ、それらをキャッチして、受け止めることができるかどうかなのです。そのような「アンテナ」が張れるかどうかなのです。

生活支援とは、「創造的」な営みであり、「アート（Art）」すなわち芸術的な営みに通ずるとされる所以もここにあります。アートとしての創造的な実践を可能にするために、絶えずそのまなざしや感性を磨く努力をすること。その弛まぬ努力に、人にかかわり、その生活を支援する専門職としての「強さ」があると思うのです。

4　「創造的な」生活支援の実践のために

生活支援の実践とは、生活に生じた何らかの困難な時期や状況、言わば「この先の見通しが得られない」状況の中にある人々にかかわります。そしてそれは、そのような人々がいる「今ここ」にかかわり、「今ここ」から出発する活動です。

そして、人の生き方や人生観、価値観、ライフスタイルはそれぞれに異なります。それゆえに、支援の過程はあくまでも、それぞれの利用者とその状況から立ち上がるものでないといけません。先に支援計画ありき、支援方法ありき、サービスありきの実践ではありません。生活支援は、一人ひとりの利用者の異なる状況に応じて、それぞれの生活を支えるために、さまざまな知識や方法、技術を駆使していく活動です。それらを実践の場面で、利用者とのかかわりの中で、臨機応変に、多様に、そして柔軟に活用することが求められる活動です。そして必要な知識や方法、技術というものは、さまざまな利用者とのかかわり、そしてその生活を支援する活動を通じて、常に見直され、また新たに生み出されるものなのです。目の前にいるこの人（当事者・利用者）に専門職として何ができるかを、自ら（あるいは職場の同僚や関係者同士で）考えること、見出すこと、創造すること。私たちの営みはその連続であると言っても過言ではありません。

人の生活や生き方にあらかじめ決められた答えはありませんし、その答えも一つではありません。社会福祉専門職である私たちには、利用者の視点や気持ちに寄り添い、関係を深めながら、思考することをやめない姿勢、常に良い援助のあり方を見出していこうとする姿勢が、常に求められるのです。

繰り返しますが、生活支援の実践には、あらかじめ決められた正解はありません。だからこそ、自分たちの実践を振り返り、より適切な支援を思考し、志向しなければなりません。そのために、謙虚に学び続ける姿勢が必要であり、それが専門職としての責任です。

私たちは、さまざまな人の生活や生き方に「かかわり続ける専門職」であり、さまざまな生活困難状況を抱える人々に何ができるか、どうすれば良いかを「考え続ける専門職」なのです。その姿勢が、日々の創造的な実践を支え、導き、そして私たちを専門職として成長させてくれると信じています。

（空閑浩人）

参考文献

空閑浩人編著（二〇一二）『ソーシャルワーカー論――かかわり続ける専門職のアイデンティティ』ミネルヴァ書房。

終　章「かかわり続ける」こと「学び続ける」こと
――心が折れそうなあなたへ贈る言葉

最後に、「経験年数五年以上のケアマネージャーの会」（以下、本研究会）の参加者からケアマネージャーの皆さんへのメッセージをまとめました。本研究会の参加者はこれまで述べてきたように、「ケアマネの交代」という経験を共有して、そこから何を学ぶか、そして、それでも利用者や家族、地域の人々と「かかわり続ける」ために、ケアマネージャーとして必要な力は何かを一緒に考えてきました。

「担当を他のケアマネージャーに代わってほしい」という利用者や家族からの交代要求は、ケアマネージャーにとって辛く、悩ましく、それこそ、「心が折れそうにもなる」経験とも言えます。本研究会においても、「きっと私たちと同じような経験をして悩んでいるケアマネージャーが、全国にいるはず」「だから、この研究会で得たものを私たちだけのものにするのでなく、担当交代で辛い思いをしているケアマネージャーに伝えたい」「心が折れそうになっているケアマネージャーに、あなただけではない、あなたは一人じゃないということを伝えたい」などという意見が出されました。

そこで、本研究会の時間を使って、全国のケアマネージャー、特に新人のケアマネージャーに伝えたいことをテーマに、参加者に自由に意見を出してもらいました。どれも、本研究会参加者のそれぞれの経験に裏打ちされた言葉であり、本研究会での取り組みを通して生まれた言葉です。次の五つのテーマに分けて、紹介したいと思います。

① 利用者や家族・地域とのかかわり
② チームワーク・仲間づくり・関係機関との連携
③ 事前の情報収集や整理、記録などのデスクワークの大切さ
④ 一人の専門職、一人の人間として
⑤ 心が折れそうな時に

本研究会参加者からのこれらの言葉を、本書を読んで下さった方への感謝の気持ちとともに、贈りたいと思います。

1　利用者や家族・地域とのかかわり

ケアマネージャーの悩みの中では、やはり利用者や家族、あるいは地域の方とのコミュニケーションや関係づくりに関するものが、一番多いのではないでしょうか。この研究会でも、参加者が抱える利用者との関係での悩みや困りごとを、毎回たくさん出し合って共有してきました。

・新人の頃は、利用者さんになかなか受け入れてもらえない、サービス調整が上手くいかないなど辛いことも多くありました。しかし反対に、利用者さんの最期の時（亡くなる時）まで担当できたことや、ご家族から感謝の言葉をもらえたことなど、嬉しいこともたくさんありました。日々の業務の中で感じる辛さや嬉しさは、すべて「利用者との関係性」から生まれるものですね。だからこそ、一人ひとりの利用者との出会いをこれからも大切にしたいと思っています。

・同僚や先輩ケアマネージャーだけでなく、利用者さんやご家族の方に支えられることもたくさんあります。一人じゃないから頑張ろうと思っています。
・ケアマネ業務に何年かかわってきても、利用者さん、ご家族さんの一言で嬉しくなったり、悲しくなったりしています。利用者さんから励まされる、元気をもらう事ってありませんか。そんな時、利用者さんへお礼を伝えていますか。「あなたの一言で私は元気をもらいました」と伝えてください。相手もきっと笑顔になります。
・たとえば他が敬遠するような大変なケースだからこそ、私は積極的に引き受けるようにしています。なぜなら、そんな事業所は、利用者や家族からのたくさんの学びを可能にする事業所であり、かつ職員が成長する事業所だと思っているからです。
・利用者さんや家族の方からの苦情だけでなく、関係機関からもクレームを言われることがあります。直接の会話でも、電話でのやりとりでも、頭を下げて謝ることも結構あります。最初は自分が一方的に怒られているようで、大きなストレスを感じていたのですが、年数が経つと不思議なことに、(自分で言うのも何ですが)上手に謝れるようになりました。そして、それ以上に、苦情の理由や相手の言葉の背景にあるものに目が向くようになりました。そのことは確実に円滑なコミュニケーションや信頼関係の構築や回復につながっています。

・自分にとって苦手な利用者もいると思います。誰でもそうです。しかし、苦手だと思う方やコミュニケーションがとりにくい方であっても、訪問の際などで、一五分間は頑張って一緒にいましょう。隠れているその方の姿が見えてくることがあります。

・地域を知ることはケアマネージャーの仕事にとってとても大切です。初めての赴任地で、最初は地理が全くわからないのは誰でも一緒です。そんな時こそ、自動車よりバイク、バイクより自転車、自転車より徒歩で地域を回ってみましょう。この道に何があるのか。道の先に何があるのか。自分の目で見て確かめて、地域の雰囲気を肌で感じましょう。

2　チームワーク・仲間づくり・関係機関との連携

ケアマネージャーの仕事は、一人だけでやる仕事ではありません。誰かの生活を支える仕事が一人でできるはずもありません。同じ事業所の同僚や他の事業所の職員、他分野の専門職、サービス関係者や地域住民など、地域の色々な方とのつながりやネットワーク、そしてチームワークの中で行われる仕事なのです。

・ケアマネージャーは孤独な仕事のように感じますが、仲間の力が加われば、嬉しさは倍以上になり、辛さは半分以下になります。仲間は近くにいるはずです。事業所の仲間、同じケアマネージャー仲間、ケースを共に支える事業所仲間。仲間づくりは簡単です。勇気を出して相談してみましょう。相談することでケースが整理され、新たな気づきが得られるはずです。そして、ケースを共に支える仲間と一緒に、まだ行っていないアプローチに挑戦してみましょう。

・チームで動くという事は、同じ目標と目線で動くということです。その上で互いの持つ専門性や強みを活かしながら役割分担をすることが大切です。そのチームワークによって、難しい課題も乗り越える事ができます。

・ケアマネージャーは支援チームの「要」ですが、あくまでも中心・主役は利用者さん、ご家族さんです。ケアマネージャーの役割は利用者さんと支援チームをつないでマネジメントすることだと思います。野球チームのマネージャーと置き換えるとよくわかりますね。より良いマネージャーを目指すため、本人、家族以外にも他の事業所との「顔の見える関係づくり」が大切です。顔の見える関係づくりで、利用者さんにとってより良いチームとなれるよう、相談し合える関係を構築していきましょう。

・役所からの調査票の聞き合わせは、新人の頃はドキドキしました。主治医の意見書との相違や記載の仕方など、電話でいきなり聞かれて、最初の頃はしどろもどろでした。調査票の書き方などの勉強はもちろん必要ですが、その上で自分の調査結果を信じることが大切だと思います。常に利用者さんの側に立ってものが言えるケアマネージャーでありたいと思っています。

・主治医の先生への連絡については、確かに怖い時や憂鬱な時がありますね。私も医者への電話が嫌いでした。とはいえ、これも大切な仕事で、何より利用者のためです。そして主治医の先生にも時間を割いていただくので、連絡の目的を明確に、要点をまとめて事前に練習してから連絡するとよいと思います。そのうち怖くなくなります（?）から安心して下さい。

・「ぼっちケアマネージャー」にならないこと。「ぼっちケアマネジメント」をしないこと。連携と協働を大切にしていきましょう。

3　事前の情報収集や整理・記録などのデスクワークの大切さ

ケアマネージャーの仕事には、どうしても書類作成などのデスクワーク（事務作業）が伴います。また利用者に関して集めた情報も、記録され、整理されていなければ意味のある活用にはつながりません。人によって得手不得手があるかと思いますが、事務作業や情報の整理・管理も、より良い支援のために欠かせない大切な仕事です。

・ケースにかかわり続けるために、事前準備は大切です。一度には聴き取れませんが、生活歴、現在の状況、これからこんなふうに生活していきたいと思っているなど、利用者さんの思いに触れましょう。たとえば、担当者会議の前のかかわっている事業所からの意見の聞き取りも、会議をスムーズに進めるための事前準備の一つです。

・プランを作る、書類を整えるなど、デスクワークも重要です。最初から上手に、要領よく仕事はできません。面接などで聴き取りをした内容を振り返りながら、また聴き取り不足の点は再度確認しながら、丁寧さを心がけて仕事を進めていきましょう。

・私たちには色々な仕事が舞い込んできますが、課題の整理を心がけると良いでしょう。「今しないといけないこと」「今しない方が良いこと」「後日に後回ししても良いこと」などの優先順位をつけて整理ができれば、仕事の見通しが立つようになって、自分に余裕ができます。そしてその余裕は、利用者さんやご家族さんにも伝わって、相手に安心感を与えると思います。
・新人の頃は記録やケアプラン、調査票などが上手く書けずに、自分の国語力の無さを感じていました。でも、初めから上手に書ける人はいません。先輩の素敵な文章を遠慮なく真似しましょう。書き方や表現方法など、真似して書いているうちに自分でも書けるようになりました。「学ぶことは真似ること」ですね。

4　一人の専門職・一人の人間として

ケアマネージャーであっても一人の人間です。利用者にとって良い支援が、いつもできるとは限りません。失敗したり、上手くいかなかったりする時もあります。大切なことは、その経験から学ぶということです。たとえ失敗の経験であっても、一人の専門職として、そして一人の人間としての成長を支えてくれる大切な財産なのです。

・仕事の中では、確かに理不尽なことや納得のいかないこともあります。しかし、経験を積む中で、そういったこともプラスに考えられるようになります。それは、鈍感になるということではなく、余計な感情を排除しつつ、支援者として「今何が必要か？」を冷静に考えられるようになることだと思います。つまり、理不尽な経験や納得のいかない思いから自らを開放できる唯一の方法は、知識に裏打ちされた冷静な判断と選択、あとは統制された心の浄化作用だと思います。言い換えれば、心の中の余裕ができること＝「経験を積むこと」と言えるのかもしれません。

・私たちは多くの利用者と出会い、多くの関係者とかかわります。そこには何かしらの「縁」があると思うのです。支援者が利用者を選ぶということは、その「縁」を自ら選択し、排除し、心地の良いものだけを選別することを意味すると思います。そうすることにより、人や場所とのかけがえのない出会いの時を逃し、そして自分が閉鎖的になり、豊かな知識の獲得や経験の機会を失うことになると思うのです。「縁」を大切にするといった考えを持つのはすごく大切なことです。今の私があるのはこの「縁」のおかげだと思っています。

・失敗の体験から学ぶこともありますが、その反対に上手くいった、利用者から感謝されたなどの成功体験も、もちろんケアマネージャーとしての成長を支えてくれます。失敗だけでなく、成功体験についても振り返りをして、達成感や充実感を味わうことも大切です。忙しさの中で忘れがちなこの仕事の面白さや楽しさ、魅力や醍醐味を思い出し、また新たに発見することにもなります。

・対人援助の仕事では、支援者としての自己覚知が大切になると思います。私たちには、それぞれの生き方や生活の仕方で日々の暮らしを営む利用者と家族の感情や価値観を理解することが求められます。その作業は、自分自身の感情や価値観を知らなければできないことだと思います。自分の価値観の押しつけによる支援にならないように、折に触れて自分を振り返り、支援を巻き戻してみることが必要です。

・新人の頃は、何でも自分でやろうと動いてしまいがちです。私もそうでした。そして、利用者さんへの思いが強いケアマネージャーほど、業務範囲以外の事をしてしまいがちです。しかし、こちらがよかれと思ってやったことでも、利用者や家族の「出番」を無くすこともあります。生活の主役はあくまでも利用者であり家族です。支援者の自己満足に陥らないためにも、ケアマネージャーとしてできること、できないことを知り、しっかり言えることも大事です。

5　心が折れそうな時に

一生懸命やっているのだが利用者の状況が好転しないとか、利用者や家族の言葉に傷ついたりとか、関係機関に説明してもわかってもらえなかったりとか、自らの支援者としての力量のなさを痛感して、心が折れそうになることがあります。また、この仕事を辞めたくなったりすることもあるかもしれません。人とその生活を支援することは、決して楽な仕事ではありません。

・時には、「開き直る」ことも大切です。開き直れる力を持ちましょう。何かのトラブルや失敗で「絶体絶命のピンチ」に立たされたと感じても、ケアマネージャーの仕事で身体や生命に危険が及ぶこと、「命」を失いかねないようなことは、まずないのではないでしょうか。「大変だけど死ぬほどのことではない」「命までは奪われることはない」と開き直れることは、自分自身を守るためにも大切です。

・失敗したことについて、悩んでばかり、落ち込んでばかりいても、事態は変わりません。誰にでも失敗はありますし、いま解決に向けてできることを考えることが大切です。決して一人で抱えずに、管理者や同僚に積極的に相談しましょう。「試練は、それを乗り越えられる者にしか訪れない」とも言います。経験を積むと言うことは、失敗しなくなることではなく、失敗から学ぶ経験を積むということでもあると思います。

・ケアマネージャーも一人の人間です。人間である限り、一生懸命支援しても結果がマイナスに作用してしまうこともあるかもしれません。私たちがかかわって支援して、利用者の状況が改善されれば、確かに周りからも評価されるし、達成感もあります。しかしすべてがそうとは限らないのが、この仕事なのです。たとえ上手くいかなくても状況が改善されなくても、それをそれとして受け止められる自分になりたいですね。それも「かかわり続ける実践」だと思います。

・辛いことがあっても、ぜひ辞めずに続けてほしいと思います。辞めずに続けてきたことで、難しいケースであった利用者さんに変化が生じ、状況が改善されていくことに触れることができて、人間が持つ力や可能性、そしてこの仕事の達成感を味わうことも多く経験できました。今では、新しいケース（特に困難ケース?）が来ると、「ワクワク感」や「ドキドキ感」さえ感じるようになっています。

・ケアマネージャーはあくまでも職業です。職業である限り、ＯＮとＯＦＦ、仕事とプライベートの切り替えは、やはりケアマネージャーを続けるためにも大事ですね。休みの日を大いに楽しむようにしましょう。ケアマネージャーの仕事もそうですが社会福祉の仕事は、利用者の生活の福祉、すなわち日々の暮らしの安定や豊かさを支援する仕事です。ケアマネージャーとして良い仕事をするためにも、自分の生活の「福祉」を大切にしましょう。

以上が、本研究会参加者である経験年数五年以上のケアマネージャーから、読者の皆さんへのメッセージです。本書を手にとって頂いている方の中には、経験豊富なベテランの方もおられるかもしれませんし、ケアマネージャー一年目という方もおられると思います。もしかしたら、自分がこの仕事を続けられるかどうか不安になっている方もおられるかもしれません。

この仕事は、私たちケアマネージャーに相談してくださる利用者や家族があって、初めて成り立つ仕事です。色々な利用者や家族との出会いから始まる仕事です。自分が誰かの力になれるというやりがいを感じられる仕事でもあります。たくさんの感謝をもらえる仕事でもあるし、とても幸せな気持ちになれる仕事でもあると思います。

しかし、一方で、支援が上手くいかないことや利用者や家族とのかかわりに悩むことも多くある仕事です。自分の力不足を痛感して自信をなくすこともある仕事です。担当していた利用者が亡くなるなど、辛く悲しい思いを経験する仕事でもあります。

これらの一つひとつが、どれも他では経験できない、この仕事（人とその生活にかかわる仕事）ならではの経験であり、この仕事に携わる者だからこそできる経験だと思います。その経験を、是非皆さんの言葉で表現して、語ってほしいと思います。

そして、何より自分自身がせっかく出会った仕事です。人が一つの仕事に出会うことには、必ず意味があると思います。自分にとってのその意味をみつけるためにも、利用者、家族、地域に「かかわり続けること」から降りずにいてほしいと思います。

（酒枝素子・園家佳都子・竹内卓巳・古川美佳・吉田栄子・空閑浩人）

あとがき

まず初めに、私たちの取り組みが、このような書籍になったことについて、いつもチームの一員として時間を作ってくださった同志社大学の空閑浩人先生に、感謝の気持ちを述べたいと思います。そして、私たちの「思い」を受け止めて下さったミネルヴァ書房編集部の音田潔氏にも感謝申し上げます。

また、書籍という形になったことについて、経験年数五年以上ケアマネージャーの研究会世話役の主任ケアマネージャーそして参加者のみんなで、「ここまでよくがんばったね」とお互いにほめ合いたいと思います。

そして何より、本書を手にとって、読んでくださった皆様に、心から御礼申し上げます。

ケアマネージャーという職種は、その日々の業務の中で、他の事業所のケアマネージャーと一緒に仕事をすることや連携を密にするという場面は、実はほとんどありません。

この研究会を通して、何より良かったと思うことは、それぞれが所属事業所の枠を超え、お互いに顔を知っているだけの関係から、一つの目標に向かう「仲間」として、意見交換できる関係になったことです。

研究会の大きな目標は、ケアマネージャーの仕事に出会った方々に、確かに辛いこともあるけれど、この仕事の喜びや楽しさを感じてほしいということ。そして、新人ケアマネージャーの方には、必要な一つひとつのスキルと総合的な実践力を、着実に身に付けていってほしいということ。さらに、事業所の管理者の方には、本書の内容を事業所での人材育成の指針や参考に使ってほしいということ、の三つでした。

このような思いを共有しながら、これまで意識的、無意識的にやってきた自分たちの業務を、個々のスキルとして評価し、伝達していくことを目的に、自分たちの日々の経験を「振り返り、言語化する」という作業を繰り返してきました。

そして、私たちはいつしか、自分たちケアマネージャーの日々の活動を支えてくれる、悩んだ時やとまどった時にすぐに手にとれる手引き書のようなものがあればよいと思うようになりました。ケアマネージャーとして、共通の成長の目安と指導の目安になるものがあればよいのではと考えました。自己研鑽の取り組みや事業所での人材育成に平行して、共通の指針となるような「手引き書」のようなものを作りたいと思うようになりました。

そして、その思いが、本書の出版の企画につながっていきました。一〇年前の立ち上げからこれまでの取り組みを通して、私たちの後に続いてこの地域を支えるケアマネージャーに対して、研究会として何かを残すことができればとの思いもありました。

巻末資料の「自己評価シート」を使っていただくと、ケアマネージャーに必要な「四つの力」についての、自分の得意・不得意をつかむことができると思います。ケアマネージャーとしての自らを定期的に省みる機会として、そして、自らが「かかわり続ける」専門職であり続けるために、このシートをご活用いただけると幸いです。

この度の出版を終えて、改めて、私たちの最終目標はここではない、という思いを強くしています。今回の出版は、あくまでも目標達成の手段であり、その通過点です。

自分たちでつくった教科書と言える本書を片手に、地域のケアマネージャーの方々とともに、五つ目の力としての「学び続ける力」を育む旅に出たいと思います。私たちの「ワクワク・ドキドキ」は、これからも続きそうです。

本書を読んでくださった皆様にも、ぜひ自分自身の言葉で、ケアマネージャーの仕事の魅力や素晴らしさを、多くの人に語っていってください。もちろん私たちも、これからも、語り続けていきたいと思います。

二〇一八年三月

京都市北区地域包括支援センター
主任ケアマネージャー一同

巻末資料

1 「かかわり続ける力をつける」ためのアンケート

問1 あなたの年代を教えて下さい。
□20代 □30代 □40代 □50代 □60代 □それ以上

問2 あなたのケアマネージャーとしての経験年数を教えて下さい。
□1年以下 □1年以上3年未満 □3年以上5年未満 □5年以上

問3 あなたが所属している事業所の規模(ケアマネージャーの人数)を教えて下さい。
□自分1人 □2人 □3人 □4人 □5人以上

問4 問3で2人以上と答えた方に質問です。その内，主任ケアマネージャーは何人いますか？
□1人 □2人 □3人 □4人 □全員 □1人もいない

問5 1人ケアマネージャー事業所の場合，どのような時に困りますか。悩みやケースの相談が必要な時は，どのようにしていますか？

問6 あなたは，普段から事業所の「理念や方針」を意識しながら，業務を行っていますか？
□十分に意識している □まあまあ意識している □あまり意識していない □全く意識していない □理念や方針自体知らない

問7 あなたが，ケアマネージャーとして強みと感じている部分を一言で表すと？ (例：いつでも笑顔でいられる・工夫が上手等)

問8 あなたが，ケアマネージャーとして弱みと感じている部分を一言で表すと？ (例：1人で抱え込んでしまう・ついつい家族の思いを優先してしまう等)

その他，日頃の業務の中で特に大切にしていること等がありましたらお聞かせ下さい。

2　自己点検シート（実施日　　年　　月　　日）

・シートの使い方

「自己点検シート」は，以下の手順（①〜⑤）でご使用下さい。別途，各々の作業を行う部分にも，以下の①〜⑤のうち該当する番号を示していますので，作業の際にご参照下さい。また，「1 『かかわり続ける力をつける』ためのアンケート」によって，自分の実践を振り返った上で，ご回答下さい。

① 点線の部分を折ってから，作業を始めて下さい。
② 設問の横の欄に，○（はい）・×（いいえ）・△（どちらともいえない），のいずれかを必ず記入して下さい。
③ 折ったシートを元に戻し，②で記入した記号（○・×・△）を，右側の網掛け部分に記して下さい。次に，カテゴリー（考える力・あたる力・まとまる力・まもる力）ごとに，網掛け部分に入れた記号を基に点数を集計して下さい（○：2点，×：0点，△：1点）。そして，自己点検シートの下部にある記入欄に，各カテゴリーの点数を記入して下さい。
④ 自己点検シートの下にあるグラフ中に，各カテゴリーごとに点数の位置を明示して下さい。
⑤ ④で明示した点数を示す点をつないでできた折れ線グラフの形状により，あなたの強みと弱みを「見える化」できます。

	②⇩	①⇩	考える力	あたる力	まとまる力	まもる力
私は，利用者や家族の背景を知り，何を求めているのか正しく理解している。						
私は，事業所を訪問したり，事業所の活動中に訪問している。						
私は，支援内容を，記録に残している。						
私は，直接担当者と話をして，アドバイスをもらうようにしている。						
私は，サービスを調整する時等，介護保険だけでなく社会資源にも目を向けている（家族も含む）。						
私は，制度について，丁寧に説明している。						

私は，周りの意見ばかりでなく，利用者の思いも尊重している。		
私は，相手と話をする時，うなずきや相づち・合いの手などの反応を交えて話をしている。		
私は，表面的な部分だけでなく，秘めた部分や背景も見ようとしている。		
私は，利用者やその家族の話をよく聞いている。		
私は，話題が分散しないように，目的を持って会話をしている。		
私は，管理者に，適宜報告，連絡，相談をしている。		
私は，利用者の歴史や生い立ちを聞くようにしている。		
私は，利用者と話をする時，利用者が話しやすいように工夫している（場がなごむ質問や笑顔での対応等）。		
私は，自立支援を意識し，根拠を持って支援している。		
私は，待つだけでなく，自ら絶好のタイミングでサービスの提案や訪問を行っている。		
私は，自分の強みや弱みを知り，改善しようと努めている。		
私は，利用者の訴えを途中で遮ったり，否定したりしていない。		
私は，関係機関や事業所の名刺を貰うようにしている。		
私は，自分磨き（自己研鑽）の時間をとっている。		
私は，利用者やその家族が納得できる提案をしている。		
私は，利用者が「自分の課題（ニーズ）」であると気づくことができるように働きかけている（病識の低い方等）。		
私は，悩みを相談できる人が，2人以上いる。		
私は，利用者の素敵なところを探し，その人らしさを理解しようとしている。		
私は，フォローしてくれる仲間がいる。		
私は，自分の価値観を利用者等に押しつけていない。		
私は，利用者やその家族のしんどさを理解しようとしている。		
私は，事業所内で，困難ケース等の対応について意思統一できている。		
私は，利用者の課題を自分の「困りごと」として捉えていないか意識しながら支援している。		
私は，丁寧な言葉遣いや態度を常に意識している。		

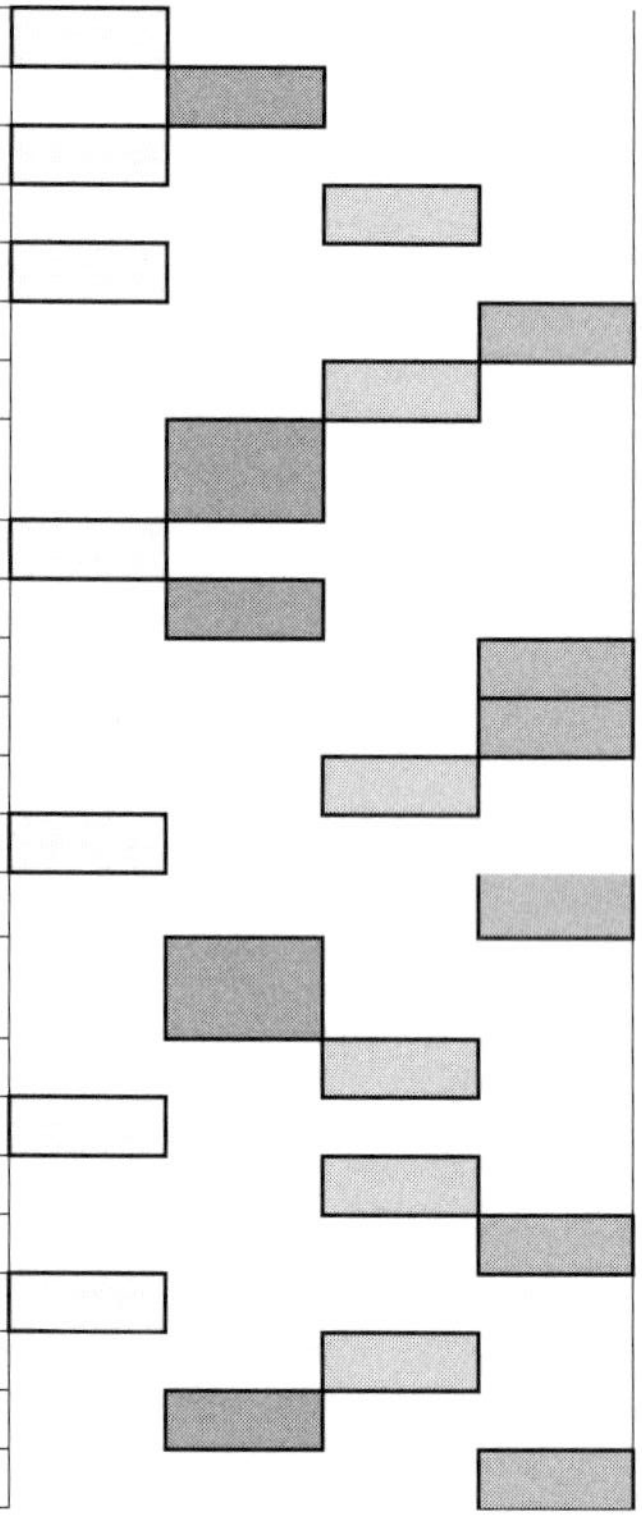

私は，キーパーソンを明確にしている。		
私は，利用者と話をする時は，何度もわかりやすい言葉でアタックしている。		
私は，利用者や家族，関係機関から気軽に相談してもらえる関係を構築している。		
私は，利用者や家族に先入観を持たず，それぞれの強みを見つけようとしている。		
私は，技術や知識の習得のため，積極的に研修や勉強会に参加している。		
私は，しんどい時にはチームや職場でアドバイスをもらって気持ちを切り替えている。		
私は，利用者が何を求め，自分に何が足りないのか考えている。		
私は，利用者の話が理解できなかった時に，理解できるまで内容の確認をしている。		
私は，利用者から好かれようと思わず，ピンチはチャンスに変わると開き直っている。		
私は，利用者やその家族の「できる事」「できない事」を明確にしている。		

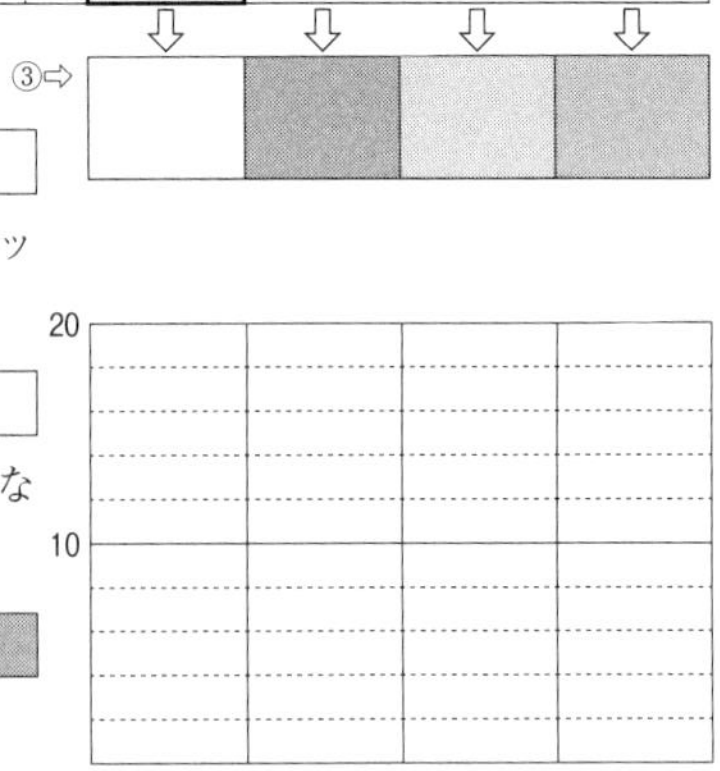

・力の持つ意味

1-1 「考える力」のポイントが高いあなたへ

よく頑張っています。現状に満足せず常に振り返り，さらなるスキルアップに努めましょう。

1-2 「考える力」のポイントが低いあなたへ

肩の力を抜いて深呼吸！　心に余裕を持ち，考えましょう。大丈夫。あなたならできる。いざ出動。現場の声を聞きましょう。

2-1 「あたる力」のポイントが高いあなたへ

人と接するのが好きなあなたへ。あなたは，この仕事に向いています。あなたの笑顔が，本人，家族，チームを引っ張ります。でも，頑張りすぎないで下さいね。

2-2 「あたる力」のポイントが低いあなたへ

人と接することが苦手だとわかりましたね。一人で考えるとケアマネージャーの「困り事」になりがちです。チームで協力して本人，家族の本当の声に耳を傾けて下さい。この声が，あなたを育てるでしょう。

3-1 「まとまる力」のポイントが高いあなたへ

人間力が高い！　周囲と協働する能力があふれています。他人の力を自分の力とし，利用者の隠れた力を発揮させるケアマネージャーです。

3-2 「まとまる力」のポイントが低いあなたへ

一歩踏み出せば，助けてくれる人がいる。大丈夫，支えてくれる仲間がいる。さあ，勇気を出して相談してみましょう。

4-1 「まもる力」のポイントが高いあなたへ

報告・連絡もでき，上司や同僚とも関係良好です。ケアマネージャーとしての専門性も発揮できています。今以上の向上心を持って，リスクに強いケアマネージャーになりましょう。

4-2 「まもる力」のポイントが低いあなたへ

問題は一人で抱え込まずに，色々な人に相談してみましょう。思わぬヒントが得られるかも？　色々な困難にぶつかることで，強いケアマネージャーになれます。

索　引

あ　行

アイデンティティ　51
遊びや笑いの要素がある研究会　94
当たり前の生活感覚　190
あたる力　149, 186
アート（Art）　195
アンテナ　195
案内文書　58
言いたい放題　98
いかにかかわり続けていくか　63
居心地の良い　73
インテーク（初回面接）　156
おみやげ　72, 78, 97
思い出したくない出来事　83

か　行

介護保険法改正　18
顔の見える関係づくり　61, 204
かかわり続けること　3
かかわり続けるために必要な力　142
かかわり続ける力　64, 74, 105
神は細部に宿る　137
考え続ける専門職　4
考える力　148, 186
気づき・発見の専門職　2
気づきのアンテナ　145
共同研究的な取り組み　64
居宅介護支援事業者連絡会　24
居宅介護支援事業所　21
居宅介護支援事業所主任ケアマネージャー意見交換会　36
近畿介護支援専門員研究大会　44
苦情　202
グループワーク　98
グループ分け　62
クレーム　202
くれない族　147
ケアマネージャーの交代　84, 103
ケアマネ交代
　→ケアマネージャーの交代
経験年数五年以上のケアマネージャーの研究会　55
継続することの大切さ　43
傾聴　120
研究会への所属意識　60
研究をする　65
謙虚に学び続ける姿勢　197
研修ではなく研究をやろう　64
行為の中の省察　11
コミュニケーション　183
——力　127
孤立予防　41
困難事例　124

さ　行

作戦会議　70, 75
サービス担当者会議　87
参加者同士の共通基盤　88
参加者の声　78
参加者ファースト　91
支援困難ケース　45
支援を巻き戻してみる　117
自己覚知　146, 192, 209
自己決定の尊重　68
仕事とプライベートの切り替え　212
仕事のモチベーション　66
仕込みすぎない　71

実践研究　6, 8
実践知　12
実践の言語化　5
自分の経験と他者の経験から学ぶ　84
自分をひらく　190
社会的孤立　41
社会福祉士　45
一七の力　142
主任介護支援専門員
　→主任ケアマネージャー
主任ケアマネージャー　18, 33
　――の四つの役割　37
初回面接　→インテーク
職業倫理　147, 150
職場環境を良くする　67
ショーン，D. A.　11
自立支援　68
事例研究　38
事例検討会　27
新人ケアマネージャー交流会　29
スーパービジョン　35, 44, 81
積極的・創造的な試行錯誤　3
創造的な実践　195
ソーシャルワーカー論　179

た　行

楽しく，面白い研究会　62
地域ケア会議　87
地域性　52
地域で顔の見えるつながり　20
地域の財産　28
地域の福祉力　22, 44
チームワーク　203
知性（マインド）　8
手ぶらで来られる研究会　94
問い続ける専門職　4
同期の仲間　30

な　行

仲間意識　88
生身の人間としての利用者　194
苦手な利用者　203

は　行

話しやすい雰囲気づくり　40
反省的実践家　11
一人で抱え込まない　123, 125
開き直る　210
ファシリテーター　114
フラットな関係　75
振り返りの専門職　2
ブレイン・ストーミング　142
プロ意識　123
保健師　45

ま　行

まとまる力　149, 187
学び，考え続ける　97
学び続ける力　178
学ぶことは真似ること　207
まもる力　150, 188
見える化　70
無理なく続けられる　94
模擬グループワーク　71

や・ら　行

四つの力　148, 185
リスクマネジメント　147
利用者本位　68

欧　文

KJ 法　142

執筆者紹介（執筆順，所属〔2018年3月現在〕，執筆分担，＊は編者）

＊空《く》閑《が》浩《ひろ》人《と》（編者紹介参照：序章・第1章・第2章・第3章・第4章・第5章・第6章・終章・巻末資料）

古《ふる》川《かわ》美《み》佳《か》（京都市原谷地域包括支援センター主任ケアマネージャー：第1章・第5章・終章・巻末資料）

吉《よし》田《だ》栄《えい》子《こ》（京都市紫野地域包括支援センター長：第2章・第3章・第4章・第5章・終章・巻末資料）

酒《さか》枝《えだ》素《もと》子《こ》（京都市柊野地域包括支援センター主任ケアマネージャー：第5章・終章・巻末資料）

園《その》家《や》佳《か》都《つ》子《こ》（京都市紫竹地域包括支援センター主任ケアマネージャー：第5章・終章・巻末資料）

竹《たけ》内《うち》卓《たく》巳《み》（京都市鳳徳地域包括支援センター主任ケアマネージャー：第5章・終章・巻末資料）

編者紹介

「かかわり続ける」ケアマネージャーの会

京都市北区にある居宅介護支援事業所に所属する経験年数５年以上の介護支援専門員による業務研究会。
2006年立ち上げ。定期的に研究会を開催。支援活動の中で生じた悩みを共有・解決するための議論の「場」として機能している。また，KJ 法等を用いながら，様々な支援技法の見える化やより良い支援とはどのようなものかについての議論を行う「場」でもある。利用者や家族・地域にかかわり続けることはもちろん，地域で働くケアマネージャー同士もお互いにかかわり続ける事を目的としている。

空閑浩人（くが・ひろと）

1964年　福岡県生まれ。
2000年　同志社大学大学院文学研究科社会福祉学専攻博士後期課程満期退学。
現　在　同志社大学社会学部教授。社会福祉士。博士（社会福祉学）。
主　著　『ソーシャルワークにおける「生活場モデル」の構築――日本人の生活・文化に根ざした社会福祉援助』ミネルヴァ書房，2014年。
『ソーシャルワーク論』ミネルヴァ書房，2016年。

MINERVA21世紀福祉ライブラリー㉖
自分たちで行う
ケアマネージャーのための事例研究の方法
――主体的な研究会の運営から実践の言語化まで――

2018年10月10日　初版第１刷発行　〈検印省略〉

定価はカバーに
表示しています

編　者　「かかわり続ける」ケアマネージャーの会
　　　　空　閑　浩　人
発行者　杉　田　啓　三
印刷者　中　村　勝　弘

発行所　株式会社　ミネルヴァ書房
607-8494　京都市山科区日ノ岡堤谷町１
電話代表　（075）581-5191
振替口座　01020-0-8076

中村印刷・清水製本

ISBN978-4-623-08334-3
Printed in Japan